KB265142

내 인생의 닮은 꼴
뉴새마을운동

내 인생의 닮은 꼴
뉴새마을운동

초판 1쇄 발행 2014년 2월 22일

지 은 이	최명현
발 행 인	권선복
편집주간	김정웅
인디자인	김소영
원고정리	조정아
전 자 책	신미경
마 케 팅	서선교
발 행 처	도서출판 행복에너지
출판등록	제315-2011-000035호
주 소	(157-010) 서울특별시 강서구 화곡로 232
전 화	0505-613-6133
팩 스	0303-0799-1560
홈페이지	www.happybook.or.kr
이 메 일	ksbdata@daum.net

값 15,000원

ISBN 979-11-5602-038-7 13350

도서출판 행복에너지는 독자 여러분의 아이디어와 원고 투고를 기다립니다. 책으로 만들기를 원하는 콘텐츠가 있으신 분은 이메일이나 홈페이지를 통해 간단한 기획서와 기획의도, 연락처 등을 보내주십시오. 행복에너지의 문은 언제나 활짝 열려 있습니다.

내 인생의 닮은 꼴
뉴새마을운동

최명현 지음

도서출판 행복에너지

고교 시절

군복무 시절

제천시장 취임식

면서기 시절

결혼식

취임식 기념(가족사진)

뉴새마을운동 선포 1주년 기념식

전국 바르게 살기 협의회 자드락길 걷기대회

2013 대한민국 대표브랜드 대상 시상식

하늘뜨레 프리미엄 브랜드 대상 시상식

새마을의날 제정 기념비 제막식

2010 제천국제한방바이오엑스포

태백선(제천–쌍용) 복선전철 개통식

제2회 대한민국평생학습박람회

시장집무실

시장취임 3주년 기념행사로 농촌일손돕기 실시

제천국제음악영화제

공사장 현장 격려

새로운 정신운동이 필요한 때인 것 같다.

저마다 마음을 쉽게 다치는 세상이 되었다. 살기 팍팍해서 그렇기도 하고, 어지러운 정세 때문에 그렇기도 하다. 예전과 같은 훈훈한 인심은 사라지고, 서로에 대해 칭찬하거나 위로를 건네는 것보다는 악다구니를 쓰고 비난과 냉소를 보이거나 패기와 희망을 꺾어버리는 것이 더 쉬운 각박한 세태가 되어버렸다.

이럴 때 역설적으로 사람들은 '힐링'을 원한다. 치유의 고장 제천의 토박이로 자라서인지 나는 삶이 주는 여러 상처와 고난에 대한 회복력이 뛰어난 편이라 자부한다. 무엇보다 난 늘 긍정적이며 능동적으로 살려고 하는 마인드의 소유자이기도 하다. 이런 마음의 태도는 각박한 세태를 살아가는 데 있어서 매우 유용하다. 그 마음의 근저에는 늘 '새마을운동'이 있었다.

새마을운동은 내 인생에 아주 중요한 고비와 결단의 순간에 만났던 소중한 철학이자 행동강령들이었다. 그리고 단언컨대 내 인생을 변화시킨 터닝포인트였다. 삶의 곳곳에서 마주친 절체절명의 생존철학이기도 했다.

유년부터 청장년 시절까지 나를 짓누르던 가난의 무게와 불투명한 미래에 대한 불안감으로 질식당하고 있을 때 내게 꿈과 희망을 품게 만든 새마을운동이 없었다면 지금의 나는 결코 상상조차 못했을 것이다.

난 단 한 번도 아버지가 편히 주무시는 모습을 본 적이 없는 가난한 집의 장남으로 태어났다. 아버지는 저녁 늦게까지 밭에서 일을 하고 새벽 동이 트기 전에 나무를 한 짐 해서 소죽을 끓여 놓고 아침식사를 하고 공사판으로 품팔이를 나가셨다.

6·25 전쟁으로 폐허가 된 전후 상황에서 가난은 공기와 같이 아주 자연스럽고 당연한 것이었다. 빈농의 5형제 중 장남이었던 나는 어린 나이였음에도 농사일과 동생들을 보살피는 것을 당연한 일과로 받아들였다.

아무리 열심히 노력해도 가난은 쉽게 사라지지 않았다. 하루 세끼를 밥으로 연명하지 못해 두 끼는 호밀죽이나 나물죽으로 연명하는 처지에 뭔가 새로운 꿈을 꾸는 것은 사치였다.

지금의 청년들이 경제위기 속에서 취업난으로 고생하는 것과 마찬가지로 당시를 지배하던 절대적 가난 역시 젊은이들의 꿈을 막는 높디높은 장벽이었다. 늘 그렇게 시대의 젊음은 녹록하지 않는 법이었다.

지긋지긋한 가난의 굴레를 벗어나고자 소극적이나마 노력을 안 해본 것은 아니었다. 농업계통의 고등학교를 겨우 졸업하고는 무작정 상경해 온갖 궂은일을 하다 가진 것 없이 낙향한 적도 있었다.

여러 가지 일을 하면서 전전하던 중 공무원이 되겠노라 결심하고 시험공부에 전념해 1972년 22세의 나이에 공직에 첫발을 들여놓게 됐다.

그 후 32년 동안 열정적으로 공직생활에 임했다. 남보다는 승진도 빨랐고 그 결과 화려한 공직생활을 했다고 자평한다. 그러다가 이런저런 여건과 사정이 겹치면서 2005년 서기관을 끝으로 공직생활을 마감했다.

내가 새마을운동을 처음 만났던 것은 공직에서였다. 새마을운동은 내 인생을 음으로 양으로 변화시켰다. 오랜 시간 나를 짓누르던 가난을 극복하고 가난으로 질식당한 내 꿈을 찾게 해 준 것이 새마을운동이었다.

무엇보다 새마을운동은 내게 '도전'이라는 것을 가르쳐주었다. 포기하지 않고 또 다른 이면의 꿈꾸는 사람만이 진정 자신의 삶에서 주인공이 될 수 있다는 것을 알려준 것이 바로 이 새마을운동이었다.

이런 불굴의 정신을 배웠기에 새로운 도전을 통해 인생 제2막도 열 수 있었던 같다.

제천시 제5대 민선시장에 출사표를 던져 2010년 7월 1일 시장으로 5년 만에 제천시로 다시 컴백을 할 수 있었던 원동력 역시 '할 수 있다!'라는 새마을운동의 정신 덕분이었다.

내 인생의 전성기를 만든 새마을운동을 새로 탄생한 제천호의 부흥 철학으로 채택한 것은 당연한 결론이었는지도 모른다. 70년대 모진 가난의 굴레에서 우리나라를 선진국의 반열에 올려놓는데 큰 영향을 준 새마을운동이 우리를 부흥시켰다면 21세기 정신으로 무장한 뉴새마을운동으로 우리가 또다시 한 번 더 도약할 필요가 있었다.

취임 후 내가 마주친 제천은 많은 역량과 가능성이 있는 도시임에도 불구하고 '할 수 있다'라는 자신감과 '우리'라는 공동체 의식이 많이 침체된 상태였다.

2010한방바이오엑스포라는 큰 무대를 성공리에 치러야 더 큰 미래로 도약할 수 있는 분위기 속에서 온 제천 시민을 다 포용하고 설득시키기 위해 정신무장을 또 한 번 새롭게 할 필요가 있었다.

이런 배경 속에서 '제천형 뉴새마을운동'을 선포한 것이다.

'시민품격 높이기' '살맛 나는 공동체 조성' '지역가치 제고' '저탄소 녹색성장'을 4대 전략으로 정해 본격적으로 뉴새마을운동을 추진하기에 이르렀다.

4월 22일을 법정기념일로 정하는 새마을운동 조직 육성법을 이끌어냈고, 이를 전담할 뉴새마을과를 2012년에 신설하기도 했다.

자아만족과 정신적 무장 해이로 세상은 각박해지고 이웃이 없는 자기중심의 사회로 변질되고 있는 요즘, 지붕을 개량하고 길을 넓히는 건설 중심의 옛 새마을운동에서 탈피한 뉴새마을운동을 시민 정신운동으로 주창하자마자 제천은 놀라울 정도로 변모하기 시작했다.

제천시의 위상은 뉴새마을운동의 발상지이자 뉴새마을운동의 원천기법을 보유한 도시로서 드높아지기 시작했다.

새마을운동 중앙연수원과 전국에서 성공사례 강의 요청이 쇄도했고, 제주특별자치도를 비롯한 전국의 지자체에서 이를 벤치마킹하려는 발길은 지금도 계속 이어지고 있다.

나는 2013년 1월 21일 대통력직인수위원회에 뉴새마을운동을 새 정부의 국민정신운동으로 채택해 달라는 건의문을 발송했다. 뒤이어 2월 7일 인수위를 직접 방문해 새 정부의 국민정신운동으로 뉴새마을운동을 채택해야 하는 당위성에 대해 설파했다.

현재도 뉴새마을운동과 관련된 여러 시책들을 부지런히 발굴하고 추진하고 있다.

나는 뉴새마을운동이 제천시는 물론 대한민국을 발전시키는 거국적인 정신운동이 되리라 확신한다.

뉴새마을운동으로 대한민국의 온갖 난맥상을 풀고, 문제점을 해결하여 심신이 지친 국민들을 힐링시키기 위해서라면 오늘도 나는 바지런히 새벽을 열고 세상 속으로 들어가 힘차게 달릴 것이다.

2014년 2월

최 명 현

Contents

1. 등 굽은 소나무가 고향 선산을 지킨다

Intro. 등 굽은 소나무처럼……

2. 업그레이드 '뉴새마을 운동'

Intro. 변화, 도전, 창조 시대를 열다

3. 명품도시 제천

Intro. 힐링, 슬로, 건강휴양의 경제도시

등 굽은 소나무

최명현

그 누가 고향을 묻는다면
한 치의 망설임도 없이 제천이라 말하겠소.
의림지에서 멱 감던 시절엔
가난한 고향이 싫어
몇 번인가 타향을 동경했지만
세상에 어디 고향만한 곳이 있겠소?
모두 다 그렇게 고향을 등진다면
결국엔 빈껍데기만 남는
매미 허물만도 못한 게 고향이라오.

옛말에 상전벽해란 말이 있듯이
세상은 조급히 변하고
더 많은 욕심이
산처럼 쌓여있기에
그들을 끌어안고 가는
인생의 긴 여행을 마다하지 않겠소.

등 굽은 소나무가 고향 선산을 지키듯
비바람 풍파 모진세월 견디며
세상이 환하게 웃는 날까지
미색 풍만한 청풍명월의 아름다움을
타향을 동경하는 님들에게 안겨주고
천년을 그렇게 누리며 살고 싶소.

01

등 굽은
소나무가
고향 선산을
지킨다

등 굽은
소나무처럼…

　내가 도달한 제천시 시장이라는 자리는 다른 어떤 공적, 사회적, 개인적 타이틀 중에서도 제일 근사하고 값진 것이었다. 단순히 지위가 주는 자기만족감이나 과시욕 따위 때문이 아니다. 내가 가장 많이 제천을 위해 봉사하고, 뛸 수 있는 자리이기에 소중한 것이다.

　'고향 선산을 지키는 것은 등 굽은 소나무'라는 말이 있다. 여일하게 늘 푸르른 그 소나무 같은 마음이라면 이 세상에 못 이룰 게 하나도 없는 법이다.

　오래도록 고향을 이해하고 고향의 발전과 미래에 대해 고민을 하는 자가 진정으로 고향을 위해 일할 수 있다고 생각한다. 자타가 인정하듯 나는 제천 토박이로서 누구보다 제천에 대한 애정과 학습의 열정이 가득하다.

　시장이 된 순간부터 '제천을 위해 뭘 할까'라는 마음으로 설레었다. 또한 내 말 한마디, 내 발걸음 하나하나가 제천의 미래를 결정짓는다는 책임감에 가슴이 무겁기도 했다.

하지만 결코 외롭지는 않았다. 이 길은 제천의 14만 시민들이 함께 동행해주는 길이기 때문이다. 21세기형 의병정신으로 제천과 대한민국을 위해서라면 몸을 바칠 각오가 서 있다.

하지만 무조건 고향만 오래 지켰다고 능사가 아님을 잘 알고 있다. 선진적인 행정과 사업을 위해서라면 끊임없이 더 멀리, 더 높이 뛰어다니고 날아다녀야 한다는 것을 누구보다도 깊이 명심하고 있다.

등 굽은 소나무가 오래오래 선산을 잘 지키려면 그 소나무가 잘 살 수 있는 환경을 만들어줘야 한다. 내가 제천의 지역경제와 삶을 부흥시키는 것을 시정의 제1의 목표로 삼은 이유다.

가끔은 썩은 둥치와 벌레 먹은 잎을 제거해야 할지도 모른다. 성장과 균형을 위해서라면 대승적 차원의 희생 역시 필요할지도 모른다. 하지만 그런 과정도 마찬가지로 많은 이들과 머리를 맞대고 충분한 소통을 거칠 것이다. 그리하여 제천의 만사형통한 미래를 열어갈 것이다.

성장의 요람,
청풍명월 제천

1951년 3월 5일 한국전쟁 직후 모두가 어렵던 시절, 나는 삼대가 한 집에서 오순도순 모여 살던 제천시 모산동 의림지 근처 빈농의 집에서 5형제의 장남으로 태어났다.

내 인생의 백그라운드인 제천의 산천은 정말 뛰어나다. 내 성장의 요람은 이렇게 절로 호연지기가 길러질 만큼 풍광이 아름답고 빼어난 곳이다. 그것은 살면서 내게 큰 자부심을 주었다.

이렇게 난데없이 고향산천에 대한 자랑을 펼쳐 놓는 이유가 있다. 이후 내가 제천시에서 펼치는 여러 가지 시책들의 배경에는 제천의 많은 자연들이 녹아있고, 활용되었기 때문이다.

모든 이가 고향을 사랑할 것이다. 여우도 죽을 때는 고향을 향해 머리를 두고 죽는다고 한다. 제천 토박이로 자라나 제천을 이끄는 자리에 있는 지금, 내가 사랑하는 고향을 위해 뭔가를 할 수 있는 지위에 도달했다는 것이 매우 감격스럽고 자랑스럽다.

시장이 되어서 제천을 빛낼 여러 묘수들을 찾기 시작할 때 내가 자라난 이 요람을 떠올린 것은 당연한 일이었다. 제천의 자연은 그 자체만으로 엄청난 힐링 자원이자 뛰어난 관광과 문화, 경제 인프라였다.

그만큼 제천은 산수경관이 뛰어난 곳이다. 내가 태어난 곳 옆에 있는 제천 의림지는 김제 벽골제, 밀양 수산제와 더불어 고대 우리나라 3대 저수지로 손꼽히는 수리시설이다.

수백 년을 자란 소나무와 수양버들, 30m의 용추폭포가 주변에 늘어서 있는 의림지는 참으로 운치 있는 곳이다. 의림지는 우리나라 3대 악성의 하나이며 가야금의 대가인 우륵선생이 노후에 여생을 보낸 곳으로도 알려져 있다. 그가 가야금을 타던 바위 '우륵대'와 마시던 물인 '우륵정'도 있다.

나는 성장기부터 음악이나 영상, 스포츠와 같은 예체능에 대한 관심과 끼가 다분했다. 혹 우륵 선생과 같은 선인들의 기운이 내 정신 속에 면면히 이어진 게 아닐까, 항상 궁금해하기도 했다. 내가 잘 알고 있고, 관심이 높은 예체능을 제천의 경제 발전을 위한 한 축으로 삼은 것도 우연은 아니라고 본다.

조선의 실학자 이중환은 『택리지』에서 "제천은 산 위에 터를 잡았는데, 안으로 들판이 펼쳐진데다 산이 낮아서 훤하고 명랑하며 대대로 사는 사대부 집안이 많다. 북쪽에 의림지가 있는데 온 고을의 논에다 물을 대었다"라고 하여 제천 사람들의 기질과 부의 내력을 기록하기도 했다.

조선시대 충청감사였던 정인지는 "가는 곳마다 물이 넘치고 청산의 위엄이 준엄한 곳"이라고 제천을 가리키기도 했다. 이처럼 제천은 '산과 물'이 지천에 깔려 있는 천부의 고을로 수려한 자연 경관을 가지고 있다.

남쪽으론 월악산 영봉과 금수산, 북쪽으로 치악산, 그리고 동쪽의 소백산 비로봉까지 아득하고 또 까마득하게 눈에 잡힌다. 동쪽으로는 단양군, 서쪽으로는 충주시, 남쪽으로는 경상북도 문경시, 북쪽으로는 강원도 영월군과 원주시와 접한다.

평창 쪽에서 흘러온 남한강 물줄기와 충주댐이 가둔 물이 구석구석 스미며 비봉산을 감싼 형세다.

산을 끼고 있으니 당연히 약초와 관련된 산업이 발달할 수밖에 없는 구조다. 그래서 맑은 공기와 좋은 물, 또 산에서 나는 좋은 약재들이 많다. 예전부터 제천은 우수한 한약재의 생산과 유통의 중심지 역할을 해 왔다. 자생약초의 집산지이자 서울, 대구에 이은 3대 약령시장으로도 손꼽혔다.

제천시가 '한방'을 특화산업으로 지정하고, '자연치유도시'로서의 브랜드를 선포한 이면에는 이런 역사적이고 환경적인 내막이 있다. 이런 역사를 배경으로 한방을 특화시키고 천연물 약재 개발 등을 통해 한방의 우수성을 알리고자 2010년에 한의약 분야로는 세계 최초인 '제천국제한방바이오엑스포'를 성공적으로 개최하기도 했다.

제천을 가리켜 '청풍명월의 본향'이라는 말도 많이 한다. 청풍 호수는 맑은 바람, 밝은 달을 노래하는 천혜의 경관을 갖고 있다. 오죽하면 '내륙의 바다'라는 별명이 붙었을까.

청풍호의 푸른 물결과 바람에 몸을 실어보면 쪽빛 하늘이 수면을 비치고 고운 빛깔을 담아내는 금수산의 기암과 절경이 한 폭의 동양화처럼 펼쳐진다. 청풍호반의 아름다운 풍경 속으로 누구나 빠져들 수밖에 없을 만큼 환상적인 야경을 연출하는 수경분수와 수상아트홀까지 운치를 더하고 있다. 커다란 뿔 소라가 무대를 덮은 듯한 이 아트홀은 마치 시드니의 오페라하우스와 2개의 하버브리지를 연결해 놓은 듯한 모습이다.

제천에는 전설과 사랑이 있는 이야기 길, 박달재도 있다.

박달재의 원래 이름은 천등산·지등산이 연이은 영嶺마루라는 뜻을 지닌 '이등령'이었다. 조선 중엽 경상도의 젊은 선비 박달과 이곳에 살던 금봉 낭자의 애달픈 사랑으로 인해 박달재로 불리게 되었다. 굽이굽이 고갯길을 넘어가며 펼쳐지는 박달재는 드높은 산세와 파란 하늘이 맞닿아 그려내는 한 폭의 그림과도 같다.

의림지가 제1경이고, 박달재가 제2경인 제천에는 대내외적으로 인정하는 관광 10경의 볼거리가 가득 있다.

제3경 월악산은 우리나라 5대 산에 속하는 명산으로 신라 경순왕과 마의태자 덕주공주 등에 얽힌 많은 문화유산과 자연경관을 보유한 국립공원이다.

제4경 청풍문화재단지는 충주댐 수몰로 인해 유역에 산재된

남한강 생활문화유산을 한곳에 모아 이전한 곳으로 53점의 문화재와 2천여 점의 생활유물이 전시된 작은 민속촌이다.

제5경 금수산은 퇴계 이황 선생이 가을이면 비단에 수를 놓은 듯 단풍이 아름답다고 하여 이름 붙인 명산으로 무암사, 정방사, 용담폭포, 선녀탕, 얼음골, 능강계곡 등 자연관광자원이 으뜸이다.

제6경 용하구곡은 월악산의 동편 골짜기로 수문동 폭포, 수곡용담, 관폭대, 청벽대, 선미대, 수룡담, 활래담, 강서대, 수렴선대를 용하구곡이라 이르며 문수봉, 대미산 등 고봉에 둘러싸인 계곡이다.

제7경 송계계곡은 월악산 영봉을 비롯 자연대, 월광폭포, 수경

제5경 금수산

제6경 용하구곡

제7경 송계계곡

제8경 옥순봉

대, 학소대, 망폭대, 와룡대, 팔랑소 등 빼어난 절경을 자랑하는 계곡이다.

제8경 옥순봉은 해발 286m로 호수 면에 접해 있다. 퇴계 이황 선생이 단애를 이룬 석벽이 마치 비 온 뒤에 솟아나는 옥빛의 대나무순 같다고 하여 이름 붙여진 곳으로 명승 제48호로 지정됐다.

제9경 탁사정은 백사장과 맑은 물, 노송이 어우러진 곳이다. 정자만을 말하는 것이 아니라 주변 절경을 말하는 것으로 여름철 피서지로 각광 받고 있다.

제10경 배론성지는 한국 천주교 전파의 진원지이며 천주교 역사에 중요한 의미를 지닌 성지다. 1801년 신유박해 때 많은 천

주교인들이 이곳에 숨어 지냈다. 황사영이 박해 상황을 알리기 위해 백서를 썼던 곳이며 성요셉 신학교가 세워졌던 곳이기도 하다.

　사람은 타고난 곳의 자연을 닮는 법이다. 사람은 보이는 그대로 배우는 법이다. 지리적으로나 환경적으로 제천은 무공해 청정지역이다. 그래서 제천 사람들의 기질은 맑고 무욕하다. 자연 속에서 호연지기를 배운 제천 사람들은 당연히 기개도 남다를 수밖에 없다. 제천은 구한 말 을미의병의 창의지로 불굴의 의병 정신이 살아 숨 쉬고 있는 곳이다. 지역의 발전역량이 그 어느 시·군보다 역동적으로 꿈틀거리는 이런 역사적인 배경에다가 깨끗하고 무욕청정한 자연의 힘이 크다 할 것이다.

나를 만든
선생님은 가난

내 유년을 지배하던 것은 8할이 가난이었다.

나는 아버지가 단 한시도 편하게 주무시는 모습을 본 적이 없다. 저녁 늦게까지 밭에서 일을 하고 새벽 동이 트기 전 나무를 한 짐 해서 소죽을 끓이고 아침식사를 하고 공사판으로 품팔이를 나가시곤 하셨다.

그때만 해도 가정형편이 너무 어려워 삼시 세끼를 다 챙겨먹는 일은 엄두도 낼 수 없었다. 게다가 점심 또는 저녁은 호밀죽이나 쑥죽을 쑤어먹는 날이 허다했다. 초등학교에 입학한 후에도 안락하게 공부만 하는 생활은 상상할 수도 없었다.

학교에 갔다 오면 다섯 살 어린 동생을 등에 업고 소풀을 뜯기는 일이 우선이었다. 내가 동생을 돌봐주어야 어머니가 그때부터 밭 농사일을 하기 때문에 동생을 돌보는 일이 나의 주요 일과였다. 심지어 놀러 다닐 때도 동생을 등에 업고 다른 친구들과 함께 어울려 놀았다.

중학교에 입학하고 보니 시내버스도 없고 5~6km를 눈이 오나 비가 오나 걸어서 다녀야 했다. 학교 갔다 오면 소풀을 베는 것도 나의 일이었다.

시내에서 다소 떨어진 마을에서 성장하면서 자연스레 남들을 위한 일에 나서게 되었다. 하교 시에는 중간 경유지 마을의 불량 학생들의 시비로부터 동네 친구와 동생들을 안전하게 하교할 수 있게 하는 역할을 했다.

늦게 귀가하는 여학생들은 일부러 기다렸다가 안전하게 집에 데려다 주었다. 이 때문에 아버지에게 연애하는 것으로 오해받아 매를 맞기도 했다. 얼마 안 되어 그 여학생의 어머니가 내가 당신의 딸과 다른 학생들이 편하게 학교를 다닐 수 있게 해 주었다고 동네에 알려 주어 오히려 칭찬을 받기도 했다.

모두가 어렵게 살던 시절 하교 후 동생을 업고 소풀을 베는 일을 할 때, 체력 하나만은 강했던 나는 몸이 약해 힘들어하는 이웃 친구들의 소풀도 더 베어주곤 했다.

공사판 품팔이로 전전하시던 아버지는 깜깜한 저녁 늦게야 일을 마치시면서도 꼭 소풀을 베어 오실 만큼 바지런하셨다. 고단한 잠이라도 편히 곯아 떨어지실 만한 삶의 여유도 없으셨다.

이른 아침식사를 하고 공사판으로 품팔이를 나가는 아버지를 대신해서 밭농사는 할머니와 어머니가 도맡아 해야 했다.

가난은 내게 공기와 같이 자연스러운 일이었다.

하지만 어릴 때부터 고집이 센 편이었던 나는 호락호락 그 '가난'이라는 주어진 여건에 순종하고 싶지 않았다.

뭔가가 억울하기도 했고, 그 가난을 해소할 방법을 알지 못해 답답하고 슬프기도 했다. 자라나면서 세상의 다른 세계를 동경하고부터는 그런 답답증은 더 심해졌다.

소풀을 베다가 가끔 드러누워 푸른 하늘과 빛나는 태양을 바라보면서 많은 생각을 했다. 저렇게 하늘처럼 넓은 세상을 자유롭게 맛보고 싶었다. 또 태양처럼 나라는 존재 역시 반짝반짝 빛나야 옳지 싶었다. 가끔은 이런 욕망에 괜스레 서러워져 훌쩍거리기도 했다.

내 밑으로 동생이 넷이나 있다 보니 대학은 도저히 엄두도 못 낼 형편이었다.

농업학교에 가서 농사일이나 제대로 배워 부모님을 돕겠다는 생각에 제천농고를 진학했다. 넉넉지 못한 살림살이에 내가 그렇게 진학해야 나 말고도 네 명의 동생들 역시 진학할 수 있었다.

성실하게 학교를 다녔다. 하지만 뭔가 마음속에 또 다른 배움에 대한 응어리가 항시 있었다. 의리가 강하고 학교 일에도 앞장서다 보니 주변에는 늘 친구들이 끊이지 않았다.

건설현장에서 아버지가 매우 편찮으시어 점심 끼니를 제대로 못 먹는 친구를 만나면 나 역시 돈이 없는 형편이 비슷하면서도 그냥 지나치지 못했다. 돈을 주지는 못하니까 점심시간에 국밥을 먹던 것을 국수 두 그릇으로 바꾸어 마다하던 그 친구를 데리고 한동안 점심을 함께 먹었다. 비록 가난했지만 사람들과 쌓은 신의와 우정은 내 정신을 부유하게 만드는 자산이 되었다.

고등학교를 졸업했지만 미래가 막막했다. 기본적으로 내 부모님은 소유한 자기 경작지가 별로 없는 빈농이다 보니 농사를 지어 여덟 식구가 먹고 살기에는 한계가 있었다.

장남으로서 나는 많은 고민을 했다. 농사일을 도우며 부모님의 고생을 가까이서 지켜보면서 이렇게 농사만으로는 영영 가정 형편을 나아지게 할 수 없다는 강박관념이 들었다.

그러나 나는 돈이 없었고, 취업하기에는 학력이 모자랐다. 가난의 굴레를 벗어날 길은 요원해 보였다.

1년 정도 농사일을 하다가 도저히 이대로 안 되겠다는 생각이 들어 고심 끝에 무작정 상경을 결심했다. 그동안 모아 두었던 5만 원과 어머니에게 꼭 필요하다며 5만 원을 더 얻어 10만 원을 가지고 새벽 청량리행 완행열차에 몸을 실었다.

소도 비빌 언덕이 있어야 한다. 비록 남자라 해도 의지할 곳 하나 없는 서울에 무작정 가는 일은 두렵고 막막한 일이었다.

청량리에 도착해 평소 들은 이야기가 있어 눈에 보이는 직업소개소를 찾아갔다. 소개비 500원을 내라고 해서 주었더니 연희동에 있는 요꼬(편물) 공장을 알선해 주었다.

설마 농사일보다 힘들까 싶어 무슨 일을 하는지도 제대로 모른 채 물어물어 그곳을 찾아갔다. 70년대만 해도 연희동은 허허벌

판에 미나리꽝이 드문드문 있는 곳이었다. 내가 찾아간 곳에 창고 같은 건물들이 서 있었는데 모두 공장들이었다.

소개받은 공장의 환경은 열악했다. 기숙사는 돼지우리 저리가라 할 정도로 지저분했다. 작업복을 갈아입고 작업반장을 소개받았다. 처음에는 박스 나르는 일부터 하다가 1주일 정도 지나고 나서 편물하는 방법을 배워 스웨터 짜는 일을 시작했다.

한 5개월 정도 이 일을 했다. 실 먼지가 너무 많아 자주 목이 아프고 기침이 났다. 어느 날, 열이 나고 몹시 아파 드러눕게 되었다. 일주일이나 기숙사 구석방에서 앓고 나니 도저히 이 일은 내가 할 짓이 못 된다는 자각이 들었다.

그곳을 나와 신촌 로터리에 있는 직업소개소를 찾아갔다. 다시 500원을 주고 소개받은 곳이 문종이 만드는 공장이었다. 환경은 열악하지만 그래도 먼지가 없어서 다행이었다. 그러나 물을 많이 만지는 곳이라 일을 마치고 나면 내 손인지 남의 손인지 분간이 안 될 정도로 부르트기 십상이었다.

그래도 이곳에서는 어찌어찌 버텨보려고 노력했다. 하지만 3개월 정도 후 갑자기 공장이 문을 닫고 말았다. 졸지에 실업자가 된 것이다.

다시 직장을 구하기 위해 서울 이곳저곳을 기웃거렸다. 용산역 앞 여인숙에서 열흘 가까이 지내면서 돈을 아끼기 위해 풀빵과 호떡 몇 개로 끼니를 때웠다. 숙식이 제공되는 취직자리가 절실했다.

청계 6가에 있는 철물점에서 한 달 정도 일하기도 했고, 동대문 시장에 들어가 식사배달을 하기도 했다. 한 그릇을 팔면 나는 5원을 받는 일이었다.

잠은 식당 뒷방에서 잤다. 돈은 모아지지 않았고 오랜 객지생활로 늘 몸이 고달팠다. 고향이 그리웠다. 하지만 뭔가 이루지 않았는데 돌아갈 수는 없었다. 부모님을 뵐 면목이 영 없었기 때문이었다.

그렇게 하루하루 힘든 서울생활을 버티던 어느 날, 수중에 있는 돈까지 바닥을 드러냈다. 나는 선택을 해야만 했다. 꿈을 품고 올라온 서울은 내게 더 큰 좌절과 환멸을 안겨 주었다. 지친 몸과 마음을 껴안고 나는 다시 제천으로 돌아올 수밖에 없었다.

절망하느니
정신의 맷집을 키워라!

집안이 나쁘다고 탓하지 말라.

나는 아홉 살 때 아버지를 잃고 마을에서 쫓겨났다.

가난하다고 말하지 말라.

나는 쥐를 잡아먹으며 연명했고

목숨을 건 전쟁이 내 삶이었다.

은나라에서 태어났다고 말하지 말라.

그림자 말고는 친구도 없고 병사로만 10만

백성은 어린애와 노인까지

합쳐 2백만도 되지 않았다.

배운 게 없다고, 힘이 없다고 탓하지 말라.

나는 내 이름도 쓸 줄 몰랐으나

남의 말에 귀 기울이며 현명해지는 법을 배웠다.

너무 막막해 포기해야겠다고 말하지 말라.

나는 목에 칼을 쓰고도 탈출했고

뺨에 화살을 맞고 죽었다 살아나기도 했다.

적敵은 밖이 아니라 내 마음 안에 있었다.

나는 내게 거추장스러운 것은 모두 없애 버렸다.

나를 극복하는 순간 나는 칭기즈칸이 되었다.

칭기즈칸이 전 세계를 제패할 수 있었던 원동력은 자신이 가진 여러 한계를 극복했기 때문이다.

우리는 자주 누군가를 원망하고 불만에 가득 차서 한 세상을 살아간다. 좋은 집, 좋은 부모 밑에서 태어나지 못한 원망, 좋은 기회가 주어지지 않는 데 대한 원망, 잘난 외모와 명석한 두뇌를 타고나지 못한 원망 등등 내놓자면 끝이 없다.

우리 스스로의 한계를 모른 채 삶에 대해 품는 지나친 기대와 환상은 때론 삶을 나락으로 이끌 때가 많다.

송나라 어느 학자는 인생에는 세 가지 불행이 있다고 말했다. 소년 시절 과거를 급제하고, 부모형제 권세가 대단하고, 재주와 문장이 뛰어나면 불행의 첩경이라 말한 것이다.

'소년등과 패가망신' 이 말은 너무 이른 나이에 인생의 성공을 맛본 사람은 쉬이 교만해지고 나태해지기 때문에 오히려 인생에서 실패할 수 있다는 것을 뜻한다.

그런 점에서 나는 인생의 초입에서 쓴 맛을 본 사람이다. 오히려 긴긴 인생의 여정에서 바라보았을 때 이것은 내게 큰 정신의 맷집을 키워준 계기였다.

눅지근한 몸을 이끌고 서울에서 제천으로 돌아오자마자 객지 생활에서 쌓인 피로와 긴장이 눈 녹듯 사라졌다.

오랜 서울생활에 꾀죄죄한 몰골로 변한 장남을 부모님은 따뜻하게 품어주셨다. 그동안 고생 많았다고 다독여주시는 부모님을 뵐 면목이 없었다. 군대 가기 전까지 열심히 농사일이나 거들라고 말씀하셨다. 하지만 단순히 부모님을 도와 농사를 짓고 싶지는 않았다.

나는 나무장사를 하기로 마음먹었다. 아침 일찍 산에 가서 나무를 해 오고 오후에는 4㎞ 넘는 시내까지 나는 나무를 지게에 지고, 어머니는 머리에 이고 가서 팔았다. 나무 한 단 값이 70원이었다. 기껏 해봐야 하루 140원을 벌었다. 동대문에서 식사를 배달하던 일이 훨씬 더 많이 버는 셈이다. 좌절감이 엄습했다. 가난의 대물림은 영원히 끊을 수 없는 걸까라는 암담함이 스멀스멀 피어났다.

집에서 다시 침잠하는 시간이 이어졌고 뒤늦게 다시 정신적인 방황이 시작된 셈이었다. 그러다가 시내에 사는 친구들과 함께 의림지에서 술장사를 시작했고 매일같이 밤늦게 술에 취해 집에 들어가게 되었다. 어느 날 군대에서 휴가를 나온 친구와 다른 친구들과 거나하게 술을 마셔서 취한 채 집에 들어가는데 아버지가 마루에 걸터앉아 늦은 저녁식사를 하고 계셨다. 몸도 못 가누는 나를 보시던 아버지는 "꼴도 보기 싫다. 매일 그렇게 술에 취해 살려면 집에서 나가라!"라고 하셨다. 술김에 나는 "아버지가 저한테 해준 게 뭐가 있으십니까?"라며 말대꾸를 하다가 실컷 얻어맞고 말았다. 그 길로 집을 나왔다.

친구들과 어울려 술을 마시고 신세 한탄을 하다가 다시 집에 들어가려니 아버지를 뵐 면목이 서지 않았다. 아무리 생각해도 내가 편히 몸을 의지할 곳이 없다는 생각이 들었다. 무의미하고 방탕한 생활은 삶의 의욕마저도 꺾어 내렸던 것이다. 더 이상 희망을 찾을 수 없다는 벼랑 끝에 다가간 심정이었다.

의림지 뚝방을 터덜터덜 걷다가 이렇게 살 바에야 차라리 죽는 게 낫겠다는 생각이 들었다. 아무 생각 없이 '그래! 모두를 위해 차라리 나 같은 건 없어지는 게 낫다'라고 중얼거렸다. 그 순간, 나는 하지 말아야 할 선택을 하고야 말았다.

군화를 신고 청바지를 입은 채로 한 치의 망설임도 없이 아무것도 보이지 않는 검은 물속으로 뛰어 들었다. 군화를 신고 있었기 때문에 수영을 할 수도 없어서 한참을 허우적거리다가 가라앉았던 것 같다.

생존본능에 비명을 지르다가 금방 목소리도 나오지 않았다. 점점 의식도 희미해졌다. 하지만 아직은 죽을 운명이 아니었던 것일까. 나는 그 어리석은 순간에서 기적적으로 되살아났다.

내 친구 동생이 택시 운전을 하는데 마침 의림지에 오는 손님을 내려주고 가다가 택시 불빛으로 물에 풍덩 뛰어드는 나를 본 것이다. 택시 불빛을 비춰놓고 보트장으로 달려가 경비정을 타고 가보니 벌써 가라앉은 후였다.

사람들이 모여들고 모두들 발만 동동거렸는데 마침 휴가 나왔던 내 친구가 이 소식을 듣고 한걸음에 달려와 잠수를 해서 가라앉은 나를 살렸다.

소식을 듣고 어머니가 한달음에 달려와 아직 정신이 혼미한 나를 붙잡고 대성통곡을 하셨다. 집으로 데려가시려고 했지만 엄하신 아버지가 객사할 뻔한 놈을 집으로 왜 데리고 오느냐며 호통 치시는 바람에 근처에 있는 친척집으로 업혀갔다.

사랑스러운 남매의 아버지가 된 지금에서야 나는 그때 아버지의 마음이 어땠는지 감히 짐작할 수 있을 것만 같다. 그래서 너무도 송구스럽다.

인생은 무수한 도돌이표와 쉼표가 가득 담긴 거대 서사교향곡이라는 것을 젊었던 그때의 나는 알지 못했다. 이 세상에 쉼표 없는 악보는 없고, 도돌이표로 새로운 음절이 시작될 수 있는 것이 인생이라는 것을 진즉 알았더라면…….

지금은 아주 잘 안다. 그런 죽음과 같은 좌절을 겪었기에 더 이상 허튼 방황을 할 수는 없었다. 그리고 결심했다. 내게 주어진 조건이 결코 나의 행복을 결정하게끔 그대로 두고 보지만은 않겠다고…….

그런 일이 있은 이후에야 나는 행복은 결과가 아닌 과정에 있다는 것을 드디어 깨달은 것이다. 어제보다 오늘 조금 더 나아갔다면 분명 나는 행복한 사람이라는 마음의 안정도 들었다.

하지만 언제나 깨달음은 조금씩 늦는 법이다. '풍수지탄'. 이렇게 철이 든 내 곁에 아버님은 계시지 않다. 효도할 기회를 기다려주지 않으신 아버님한테 그저 마음속으로 애달픈 사부곡만 부를 뿐이다.

아버지

최명현

설탕물 한 사발로 끼니를 때우시고
지친 몸 추스르며 밤낮없이 지은 이 집
반 백 년을 함께 살다 홀로 훌쩍 떠나가시니
당신의 빈자리엔 끝없는 사랑과 그리움만 쌓이고
살아생전 외로워도 온갖 투정 다 받아 주시던 당신
꿈에서라도 한번 뵈었으면……

늙으신 울 엄니

최명현

새색시 곱디곱던 얼굴로
낮에는 밭에 나가 농사 짓고
밤이면 십리 밖 비포장 길 걸어
나무 팔러 다니던 울 엄니
오늘 찾아 마주보니
예쁘던 그 얼굴 세월 속에 다 묻혀지고
주름살만 가득하네.

자나 깨나 자식 걱정
늘어만 가던 주름살이
밭고랑처럼 깊어져도
정겹던 그 시절 이야기에
함박웃음 가득한 울 엄니

세월 앞엔 장사 없다더니
복사꽃 같던 그 얼굴 어디로 가고
그리움만 남았는가?
거칠어진 손등에서
한없는 사랑이 느껴지네.

공직의 길
& 운명의 길

'인생은 스스로 이루어지는 예언이다'라는 말이 있다. 자신의 한계에 맞서지 않는 사람은 불행한 사람이다. 평범함에서 벗어나고자 할 때 새로운 것에 대한 즐거운 항해가 시작되는 법이다.

인생의 주인공은 바로 나다. 자신의 가치와 역량을 깨닫는 것이 행복한 삶의 시작점이다. 성공의 75%는 생각에 달려있다. 막연히 원하는 것이 아닌 구체적으로 원해야 좋은 결과가 나오는 법이다. 하지만 일반적으로 사람들이 자신의 한계를 직면하고 극복하는 것이 쉬운 일만은 아니다.

한계를 극복하기 위해서는 성공의 기초 체력을 길러야 한다. 과장하지 않은 채 자신이 갖고 있는 능력과 인프라를 그대로 직시하고 솔직하게 인정하는 체력, 원래 나 자신이 성공을 하기에는 아직도 미흡하고 부족하다고 말하는 겸허의 체력.

하지만 열심히 노력하겠다는 자발성의 체력, 그럼에도 성공이 이뤄지지 않았을 때 크게 실망하지 않을 평상심의 체력, 도달치 못한 성공은 본시 내 것이 아니었다는 무욕의 체력, 다른 성공에 다시 기꺼이 도전해 보고 시도하는 재기의 체력 등이 필요하다.

한계에 맞서는 가장 쉬운 방법은 바로 꿈을 꾸는 것이다. 그리고 참으로 놀랍게도 꿈이 현실로 이루어질 날을 진심으로 바라면 그 꿈은 이뤄지게 된다.

현실적인 꿈이라면 더더욱 좋겠지만 실현 여부를 떠나 꿈은 인생에 열정과 기쁨을 가져다주기에 그 자체가 소중하다. 어쩌면 한계는 우리가 생각하는 순간 이미 만들어지는 것인지도 모른다.

한동안 집에서 두문불출하며 몸을 추스른 나는 많은 생각을 한 끝에 공무원이 되겠다는 결심을 세웠다. 왜 하필 공무원이었을까. 당시에는 공직이 나름 존경과 인정은 받을지언정 지금과 같은 엄청난 인기 직종은 아니었다. 월급도 박한 편이었다. 하지만 나는 왜 공무원을 선택했을까.

상경한 후 서울에서 겪었던 호된 사회생활을 하면서 나는 행정적인 부분에서 소외된 사람들을 무수히 많이 만났었다. 그렇게 행정의 사각지대에서 힘들게 살아가는 사람들은 국가나 관청에서 주는 공공서비스가 얼마나 소중한지 정말 잘 안다. 보호받고 있다는 안정감은 인간의 존엄성을 드높여주는 법이다. 나도 공무원을 하면 일을 통해 남들에게 봉사할 수 있지 않을까 하는 생각이 내내 마음속에 맴돌았던 것 같다.

목표를 세우자마자 말 그대로 주경야독의 생활이 시작되었다. 그렇다고 장남으로서의 책임감을 소홀히 할 수도 없었다. 낮에는 농사일과 소풀 베는 일을 하고 밤에는 공부를 했다.

나중에는 공부에만 전념했으나 막상 공부를 하다 보니 책이 많이 부족했다. 우선 한 과목을 시작했지만 책을 더 사야 했다. 그러나 동생들 뒷바라지에 집에 돈이 있을 턱이 없었다. 하지만 하늘은 스스로 돕는 자를 돕는 법이다.

그렇게 전전긍긍하던 때에 딱한 소식을 들은 마을 이장님이 나머지 책을 사주었다. 책을 받은 순간 하늘을 날아갈 것 같았다. 고마운 나머지 그분의 집을 향해 몇 번이고 인사를 했다. 화장실 가는 시간도 아까워 할만큼 시간을 아끼면서 4개월 밤낮을 가리지 않고 책을 봤다.

때로는 그 날 아침 책상 앞에 앉으면 다음 날 아침까지도 그대로 앉아 있는 일도 있었다. 죽기 아니면 까무러치기라는 생각으로 공부에 전념했다. 두 번 죽을 수는 없었기 때문이다.

나도 그렇게 독한 면이 나의 내면에 있는 줄 미처 몰랐다. 코피도 여러 번 쏟았고 몸도 많이 쇠약해졌다.

집안 사정은 여전히 궁핍했다. 밥상 하나 있는 것을 내가 공부상으로 쓰느라 다른 가족들은 바닥에 밥과 반찬을 놓고 식사를 했을 정도이니 더 말해 무엇하랴?

심신의 고달픔도 잊은 채 4~5개월 정도 옆도 보지 않고 두문

불출하며 공부한 덕에 72년 지방공무원 9급 시험에 당당히 합격했다. 대대로 내려온 농부 집안에서 나온 경사였다.

일가 친척들이 더 좋아했다. 시험에 합격한 후 1년 뒤에 발령이 났다. 발령을 기다리는 기간도 행복했다. 농사일을 해도 덜 힘들었고 아는 분들의 칭찬도 마르지 않아 나 자신은 물론 우리 가족 모두 웃음꽃이 피었던 시간이었다.

73년 5월 덕산 면사무소로 첫 발령을 받았다. 난생 처음 가보는 곳이라 모든 것이 낯설었다. 어머니는 이불을 이고 나는 가방을 메고 시외버스를 타고 덕산에 도착해 보니 사방이 산으로 둘러 싸여 있는 농촌이라 기쁨도 잠시, 이런 곳에서 어떻게 살아가나 하는 걱정이 앞섰다.

제천의 너른 뜰에서 살던 터라 그곳이 왜 그렇게 첩첩산중인지 도무지 살아갈 걱정에 앞서 빨리 탈출해야겠다는 생각만 들었다. 그때마다 부모님과 어린 동생들이 떠올라 참고 견디며 하루 이틀 지내다 보니 그런대로 적응되어 갔다.

신규 직원이라 면소재지에서 가장 먼 억수리가 담당마을로 지정되었다. 매일 10여 리가 넘는 산 고갯길을 걸어 다니며 세금을 징수했다. 어려운 살림의 주민들에게 세금을 내라고 하는 말이 나오지가 않아 말도 제대로 못하고 논밭으로 찾아다니던 4일째가 되는 날 코피까지 나고 심신이 너무나 고달팠다.

그렇게 열심히 공부해서 공무원이 되었지만 현실이 꿈꾸던 것과는 괴리가 있었다. 너무 보잘것없다는 실망감에 시외버스에 몸을 싣고 제천 집으로 돌아와 다음날 군청 인사 담당자를 찾아 갔다.

다른 업무도 배우고 싶다고 했다. 역시 젊으니까 부릴 만한 객기였던 것 같다. 인사 담당자는 면장님한테 전화를 걸어 해결해 줄 테니 다시 돌아가라고 했다.

집에서 고민하고 있는데 당분간 사무실에서 일을 배우라는 면장님의 연락을 받고 근무지로 복귀했다. 펜글씨로 공문서 작정하는 것부터 배워나갔다. 등사 잉크가 손에 시커멓게 물들어도 행정 일을 배우는 재미에 힘든 줄도 몰랐다.

대부분의 업무가 면 주민들을 위한 일이어서 뿌듯한 보람을 느꼈다. 총각이었던 나는 일주일에 2, 3일은 마을회관에서 자면서 마을 일을 책임지고 수행하여 많은 평가에서 우수한 성적을 거두기도 했다.

나중에 내가 다른 사무소로 전보될 때에는 마을에서 내가 떠나는 걸 아쉬워하며 송별잔치를 벌여주시기도 했다. 아들이 멀리 나가 있어 내가 자주 찾아뵈며 아들 노릇을 했던 할머니는 집 앞에 심은 감자를 캐어 삶아 보자기에 정성껏 싸주셨다.

마을에 출장 가서 일상적인 업무만 할 때에는 주민들도 그저 그런 공무원이려니 무덤덤한 시선으로 바라봤지만 정말로 제 일처럼 마을 일을 돌보아주자 많은 이들이 나를 자식과 형제처럼 대하며 길거리에서 만날 때마다 친근감을 보여주었다.

그해 겨울, 한수면 사무소로 전출이 되었고 그곳에서 근무를 하던 중 연기했던 군대영장이 나와 74년 8월 논산훈련소에 입소했다. 부산 병기학교에서 교육을 마치고 강원도 양구에 배치되었다. 열심히 군 생활에 적응해나갔지만 불행하게도 폐결핵에 걸려 10개월의 군대생활을 마감하고 의병제대를 하게 되었다.

75년 6월 수산면 사무소로 복직을 했다. 가정형편은 전보다 훨씬 좋아졌으나 장남이라는 책임감이 어깨에서 완전히 사라진 것은 아니었다.

복직 후 어떠한 고난이 닥치더라도 군대 훈련보다야 힘들겠느냐는 생각으로 열심히 일했다. 민방위 업무를 담당하면서 제식훈련 경연대회를 앞두고 괴곡 초등학교(현재 수몰)에서 한 달 정도 맹훈련을 실시하고 대회에 참가하여 최우수상을 받기도 했다. 받아 온 시상금 50만원을 모두 써서 면민 잔치를 열었다.

궂은일에 앞장을 서면서 윗 상사들로부터도 높은 신뢰를 받던 나날이었다. 하지만 '호사다마'라는 말처럼 내게 시련이 다가왔다. 그 놈의 의협심이 문제였다.

78년 8월 어느 날 아침에 출근을 하자마자 면장님이 오토바이가 없어 걸어서 출근을 하실 거라는 이야기를 듣고 괴곡리 자택으로 가서 모시고 왔다. 당시 제천군 산하 직원 중에서 관용 오토바이를 제외하고 자가용 오토바이를 몰던 사람은 내가 유일했다. 출근길에 면장님한테 이런저런 상황에 대해 들었다.

면장과 지서장의 사이가 조금 껄끄러웠다. 그 이유가 당시 면장이 지서장에게 활동비를 주던 관행이 있었는데 당시 면장님은 그렇게 하지 않았다. 그 와중에 전날 사환이 면장 오토바이에 휘발유를 넣기 위해 헬멧을 쓰지 않고 지서 앞을 지나가다가 오토바이를 빼앗기고 사환도 잡혀 있다가 한참만에야 풀려났던 것이다.

면사무소에 출근해 의자에 앉자마자 전화벨이 울렸다. 지서장의 목소리였는데 면장의 오토바이를 가져가라는 것이었다.

출근길에 이미 사연을 들어 잘 알던 나는 웬 오토바이요? 하고 되물었다. 면장이 어두운 안색으로 나를 보며 오토바이를 가져가라고 말해도 갖고 오지 말고 그대로 놔두라고 했다. 그대로 난 전화를 끊어버렸다.

지역에서 도저히 있을 수 없는 일이라 직원들은 모두가 흥분했다. 나 또한 참을 수 없는 분노가 치밀어 올랐다.

그날 저녁 퇴근 후 몇몇 직원들과 회식을 하고 다방에 차를 마시러 갔는데 큰 테이블 한가운데 지서장과 차석이 앉아있었다. 면장은 한쪽 모퉁이에 앉아 고개를 숙이고 있었다. 순간 아침의 일이 생각나 내가 지서장 앞으로 다가갔다.

"지서장님! 면에서는 면장님이 가장 어른이시고 수급 기관장 아니십니까?"

말을 이어 더 하려는 순간 건방진 놈이라고 하며 저리 꺼지라고 지서장이 소리를 질렀다. 나는 참을 수 없는 분노를 느끼며 앞으로 다가갔고 지서장은 저리 꺼지지 않으면 가만두지 않겠다고 소리를 질러댔다. 나는 한 걸음씩 앞으로 나아갔고 지서장은 내 뺨을 후려쳤다. 거기에서 그치지 않고 사정없이 손찌검이 시작되었다.

뺨에서 불이 번쩍하는 순간 나도 모르게 지서장 얼굴로 주먹이 날아갔고 싸움이 시작되었다. 옆에 있던 농협조합장, 우체국장 등 십여 명의 지역 유지들이 말리는 바람에 싸움은 금방 끝났다. 하지만 도저히 분해서 참을 수가 없었다. 지서로 찾아가 항의하다가 순경들과 또 싸움을 하고 말았다.

다음날 지서장은 자신들의 잘못은 교묘히 뺀 보고서를 경찰서와 군청에 보고했고 나는 '풍기문란'의 죄명(?)으로 징계를 받아 덕산면으로 인사 조치되는 불명예를 떠안고 말았다. 원래 내정된 금성면 발령은 취소돼 버렸다.

군청으로 가서 군수님을 만나 뵙고 전후 사정을 말씀드렸다. 인사 조치될 때 되더라도 사실관계만이라도 제대로 알려야겠다고 생각한 것이다. 나중에야 상황을 정확히 안 군수님도 노발대발하셨지만 기관 대 기관의 일이라 어쩔 수 없으니 조금만 참고 있으라고 나를 타일렀다.

집에 돌아와 곰곰이 생각하니 억울했다. 먼저 빌미를 제공하고 폭행을 시도한 것은 내가 아니었다. 사표를 써 놓고 아침을 먹고 있었다. 그때 면장님이 찾아와 "나 때문에 생긴 일인데 너무 미안하다."라며 눈물을 글썽이는 바람에 마음이 약해졌다. 게다가 두 살 난 아들을 안고 훌쩍이는 아내를 보면서 나 역시 눈물을 삼켰다. 결국 마음을 돌리기로 결심했다.

이삿짐을 들고 또 다시 덕산면으로 가서 묵묵히 일하던 나날이었다. 5개월쯤 지났을 때 부군수님이 출장을 오셨다가 나를 찾았다. 부군수님은 나 때문에 한동안 군수님도 마음 고생이 심했다고 전해주셨다. 내 행동이 잘못된 관례에 대한 반항이었을 뿐만 아니라 상사에 대한 존경심의 발로였다는 것을 알고 허위 보고한 지서장에게 내내 노여움을 거두지 않았다는 말도 덧붙였다.

정의도 좋지만 앞으로는 주먹을 함부로 쓰지 말라고 다독이며 조금만 더 참으라 하는 부군수님의 말씀을 듣고 그제야 마음이 풀어졌다. 비록 나 역시 잘못하기는 했지만 내가 한 행위가 불의하지는 않았다는 남들의 평가가 내게는 더 절실했던 것이다. 그리고 얼마 지나지 않아 나는 군청 민방위과로 전보 발령을 받게 되었다.

가끔은 욱하는 내 성격이 나조차도 마음에 드는 것은 아니다. 좋게 말하면 남들보다 불의를 못 참는 의협심이 강하다는 것이지만 나쁘게 말하면 내면의 감정을 다스리지 못한다는 반증에 다름 아니니까……

나로 인해 마음고생이 심했던 아내에게 이런 못난 내 성격에 대해 심각하게 고민을 털어놓으니 그녀는 의외로 나를 응원하는 것이 아닌가? 이란에서는 아름다운 문양으로 섬세하게 짠 카펫에 의도적으로 흠을 하나 남긴다고 한다. 그것을 '페르시아의 흠'이라고 부른다. 인디언들은 구슬 목걸이를 만들 때 살짝 깨진 구슬을 하나 꿰어 넣는다. 그것을 '영혼의 구슬'이라고 부른다. 완벽한 것이 아니라 인간적인 면모라고.

아내는 사실 마음이야 고생스럽지만 잇속에 밝아 완벽하게 타산적으로 행동하는 사람보다는 그른 것을 그르다고 말하는 내 뚝심 있는 빈틈이 더 좋다고 편들어 주었다. 정말 부창부수가 따로 없다는 생각에 빙그레 웃고 말았다.

그럼에도 불구하고 나는 조금은 나를 변화시키기로 마음먹기 시작했다. 내가 가진 천성적인 의협심을 앞으로는 좋은 에너지로만 불태우자고 결심한 것이다.

새마을운동과의
첫 번째 만남

새마을 씨앗

최명현

초가지붕 걷어내고

마을길도 넓히고

주린 배 졸라매고

밤을 낮 삼아 일했던 그 시절

게으른 마음들 일으켜 세워

너도나도 울력으로 힘을 모아

살기 좋은 마을 만들자고

희망의 씨앗을 심었습니다.

무럭무럭 자란 씨앗은

달콤한 열매 맺어 아시아를 놀라게 하더니

이제는 세계를 향해 뻗어나가는

성목이 되었지요.

아무리 튼튼한 나무라 할지라도

비바람 모진 풍파 견디다보니

가지는 제멋대로 뻗고

열매는 단 맛을 잃어가고 있으니,

이즈음 생기를 불어 넣어줄

자양분 가득한 거름

뉴새마을의 정기를 듬뿍듬뿍

뿌려야 겠습니다.

민방위 훈련으로 내무부 장관상을 받았던 적도 있었다. 덕산면에서 근무하던 당시 민방위 훈련을 담당하던 나는 훈련 하나도 철두철미하게 시키기로 유명했다.

관내 초임 교장들을 모아놓고 훈련시켰던 적이 있었다. 대부분은 복장을 갖췄지만 권위 의식이 좀 남아있는 교장들은 복장이 불량하기 그지없었다. 완장을 차지 않거나, 구두를 갈아 신지 않거나, 민방위 모자를 쓰지 않았던 교장들을 따로 서 있게 한 후 이들을 세 줄로 만들어 뜀박질을 시켰다.

구태의연한 권위를 고집하는 것은 변화를 가로막는 가장 큰 장애물일 수 있다. 다른 직원들은 내게 "그래도 관내 교장들인데 너무 심한 거 아니냐?"라고 걱정스레 말했지만 나는 가차 없었다. 안광에 잔뜩 힘을 준 내가 고집스레 버티자 교장들은 마지못해 뛰기 시작했다.

새파랗게 젊은 공무원이 연세도 있는 교장들을 뺑뺑이 돌렸다는 불만들이 소문이 나자 후에 알았지만 내무부 민방위과에서 암행감사를 나왔다고 한다. 모두 양호한 복장 상태로 질서정연하게 훈련하는 것을 본 감사관들이 보고를 올려 상을 받게 된 것이다.

이렇듯 늘 도전하는 자세로 업무에 임하면서 이래저래 상사들로부터 인정을 받았다. 공직생활을 하면서 단 한 번도 전심전력을 다하지 않았던 적이 없었다고 확신한다. 나는 늘 도전했고, 변화를 즐기는 사람이었다. 그것은 지금도 마찬가지다.

나이가 있으니 이제는 안주하면서 즐기라고 말하는 사람들도 주변에 많다. 하지만 나는 그런 마음을 먹는 순간 바로 불안감과 강박관념에 시달릴 것임을 잘 알고 있다,

이렇듯 늘 도전하고 변화시키고 창조하는 것을 즐거워하는 사람이 된 이유는 내가 공직에서 만난 새마을운동 때문이다. 내 인생의 아주 중요한 터닝포인트였던 셈이었다.

내가 맡은 주 업무는 헌 집을 부수고 초가지붕을 슬레이트 지

붕으로 바꾸는 것이었다. 그 당시 새마을 업무는 모든 공권력을 발휘할 수 있는 업무였다. 주인이 왜 남의 집을 부수냐고 강하게 반발할 때 새마을 법으로 한다고 하면 그저 물러설 수밖에 없는 형국이었다. 그렇게 열정적으로 일을 하다 보니 표창도 여러 번 수상했다.

하지만 새마을운동은 단순히 하드웨어적인 변화와 건설을 추구하는 것만으로 끝나지 않았다. 위에 들었던 예화처럼 구태의연한 의식을 타파하는 정신무장 운동 역시 바로 새마을운동의 핵심이었다.

내게 새마을운동은 '혁신' 그 자체였다. 그리고 그 혁신의 요체는 바로 '도전'과 '변화'일 것이다.

처음 새마을운동의 이념을 접했을 때의 전율을 나는 아직도 잊지 못한다. 아니 잊을 수 없다. 그전까지 나는 내게 주어진 가난이라는 환경을 그저 운명이라 여기고 순응하며 살아갔을 뿐이었다. 뭔가 바꾸고 싶었지만 그 방법을 뚜렷이 알지 못해 실행할 줄도 몰랐다.

하지만 인간은 환경에 종속되는 존재가 아니다. 환경을 개척하고 미래를 변화시킬 수 있는 잠재력을 가진 존재라는 것을 깨닫게 해준 것이 바로 새마을운동이었다. 새마을운동을 접한 순간 내가 가진 무지와 편견, 나태와 협소한 시각들이 한꺼번에 깨어지는 짜릿함을 맛보았다. 내가 가진 가난을 극복할 힘과 의지도, 학력에 대한 갈망을 푸는 방법도 드디어 깨달을 수 있었다.

아주 작은 지방의 마을에서 최초로 공공公共을 건설해 보는 새마을운동은 6·25 전쟁의 폐허 위에 세워진 낙후되고 후진적인 모든 것들을 새로이 변화시키는 국가 부흥 운동이었다. 새로운 대한민국 굴기를 위한 가속 엔진이 바로 새마을운동이었던 셈이다.

공과를 논하기 좋아하는 우리나라 국민들 대다수도 오랜 세월이 흐른 지금까지 새마을운동이 경제적 부흥과 사회기반 시설을 확충하여 물질적인 부를 가져다 주었음을 절대 부인하지 않는다.

70년대 새마을운동이 발전한 이유 중 하나가 우수하고 열정적인 새마을 지도자들의 노고였다. 새마을운동 업무를 맡은 나는 이 새마을 지도자들을 설득하고 공감대를 형성하는 일을 해나가면서 행정이든 인생이든 많은 것을 배울 수 있었다.

잘 살아보자는 데 마다할 사람은 없는 법이다. 처음에는 반신반의했지만 구체적인 실행 전략이 나오고 실천이 뒷받침이 되면서 적극적으로 지지해주고 앞장서는 새마을 지도자분들이 많이 배출되었다. 원래도 우리 한국 사람들은 하나 된 기치 아래에서는 합심하여 뭔가를 이루어내는 저력이 뛰어나지 아니한가?

시장이 된 지금도 하나씩 하나씩 혁신을 이뤄나가는 저변에는 새마을운동의 정신이 깔려 있다. 늘 나부터 변하려고 노력한다. 내가 변화하면 우주가 변한다는 믿음으로 오늘도 달리고 있다.

도전을 하다가 한 번 실패해도 좀처럼 나는 포기할 줄 모른다. 실패해도 다시 도전하는 것이 내 방식이다. 다만 그 방법을 바꿀 필요는 있을 것이다. 똑같은 방식을 고수하여 실패를 되풀이하는 것 자체가 구태니까.

변화를 즐기고 좋아하는 나를 보고 공직에는 어울리지 않는 스타일이라고 많이 말하는데 내게 이것은 기분 좋은 칭찬일 뿐이다. '근면' '자조' '협동'의 정신에서 배태된 뉴새마을운동의 '변화' '도전' '창조'의 정신들은 또 한 번 나를, 제천을, 대한민국을, 세계를 변화시킬 21세기 발전 동력이 될 것이다.

행정의 본질을
맛본 32년

공무원의 일 중에는 하지 않아도 법에 어긋나지 않고 상사에 질책을 당하지 않는 부분이 있다. 단지 해당 업무의 발전이 늦어지고 관련 민간인에게 사실상 손해만 가게 될 뿐이다. 복지부동이라는 낱말은 이런 사각지대에서 싹트는 것이라 생각한다.

하지만 내 공직 생활 32년을 통틀어 나는 그렇게 일한 적은 단한 번도 없다. 오히려 굳이 하지 않아도 되지만 주민에게 이롭고 도움이 되는 부분이라면 적극적으로 발굴하면서 일을 해 나갔다.

79년 7월 제천군이 제천시로 승격하기 위해 추진단이 생기면서 '제천시 설치추진 실무작업단'으로 발탁되었다. 어찌 보면 전화위복이었는지도 모른다. 추진단에서 약 8개월 동안 근무하면서 차질 없는 준비로 80년 4월 1일 제천시 승격의 기쁨을 보게 되었다.

제천시와 제원군으로 분리되는 상황에서 나는 문화공보실로 발령을 받았다. 그해 9월 7급으로 승진하고 그로부터 4년 4개월 만에 계장으로 승진하여 85년 문화계장 보직을 받았다.

당시 제천시는 문화와 관련된 행사가 전혀 없는 그야말로 문화의 불모지였다. 곰곰이 생각하다가 우리가 보유한 역사적, 자연적 자원인 의림지를 적극적으로 활용하자고 생각했다. 제1회 의림문화제를 주말도 반납한 채 기획했고 이를 통해 제천의 전통문화를 계승 발전시킬 수 있었다.

그 공로로 86년 11월 상정계장으로 영전했다. 그러나 그 자리는 매우 힘든 자리였다. 당시 시장은 중앙시장을 현대화하는 업무를 맡기기 위해 나를 발탁했다. 앞일이 또 캄캄했다. 상인들이 얼마나 거센가? 생계를 위해 목숨 걸고 투쟁하는 사람들과 부딪혀야 하는 일인데 정말 어찌할 바를 몰라 몇 번이고 망설였다.

그러나 내게 주어진 운명이라 생각하고 밑바닥부터 한 가지씩 추진해 나가기 시작했다. 토지주 265명, 상인 250여 명, 노점상 230여 명을 접촉하며 수백여 차례에 걸친 공청회와 간담회를 통해 소통의 자리를 만들어 나갔다.

당시 아침에 별을 보고 나가면 저녁에 달을 보고 돌아와도 시간이 부족했다. 너무 힘들어 '남들처럼 차라리 시키는 일만 찬찬히 할걸' 하는 후회도 없진 않았다. 하지만 그런 생각은 이내 지워버렸다. 그저 내게 주어진 운명이고 또 다른 기회라 생각하고 일을 해 나갔다.

때로는 상인들한테 멱살잡이를 당하고, 생선 자르던 시퍼런 칼날에 맞을 뻔한 일도 부지기수였다. 가슴이 철렁 내려앉을 만한 아찔한 충돌 상황도 적지 않았다.

그러나 이것을 이겨내지 못하면 중앙시장 현대화는 어렵다는 생각을 했고 '내겐 오직 전진뿐이지 후퇴는 없다!'라는 굳은 의지로 한 사람 한 사람 설득해 나갔다.

끝내 현대화시키는 데 합의를 보게 되었고 공사가 순조롭게 진행됐다. 건축물이 70% 정도 되었을 때 88년 8월 예산 계장으로 발탁되었다. 그 보직 역시 제천시의 살림살이를 운영하는 책임이 막중한 자리로 남다른 각오가 아니면 일하기 힘든 자리였다.

중책을 맡기신 시장님의 기대에 부응해야겠다는 책무감에 발로 뛰고 몸으로 부딪히며 일했다. 도청과 중앙부처를 내 집 드나들듯 했다. 1년 중 반 이상을 그곳에 가서 살다시피 했다. 중앙부처의 직원은 나를 두고 전국 지자체 예산계장 중 귀찮을 정도로 친화력이 있는 보기 드문 사람이라며 칭찬 아닌 칭찬도 건넸다. 발바닥에 땀이 맺힐 정도로 쫓아다니며 예산 확보의 당위성을 설명하고 받아냈다.

92년 6월 시정계장의 보직을 받아 제천시의 각종 정보와 홍보대책을 확실하게 추진하여 우수기관 표창을 받기도 했다. 젊은 나이인 42세에 최연소로 사무관 승진을 하여 읍면동장도 하지 않고 바로 문화공보실장 보직을 받는 기쁨을 안았다.

당시 사무관이 되려면 승진시험을 봐야 했다. 응시자 중 삼분의 일이 불합격의 쓰라림을 안고 남은 공직생활을 하던 때였다. 나는 일이건 공부건 한번 마음 먹으면 끝장을 보고야 마는 성격이라 나에게 주어진 절호의 기회를 놓칠 수가 없었다. 정말 이를 악물고 공부하여 우수한 성적으로 합격했다.

어려운 가정에서 태어나 제천농고(현 제일고)를 나와 공무원 시험을 보기까지 어려움 속에서도 나름대로 무던히 노력하였다고 자부한다. 내가 겪어온 환경과 살아온 생활이 나의 의지를 한층 더 굳게 만든 것이라 생각한다.

굽히지 않는 한결같은 의지와 뚝심은 곧 나의 무기가 되었고 나는 이를 삶의 신조로 삼아 내 인생을 진취적으로 살아가고자 늘 노력했다.

한편 이렇게 나름 조직에서 인정받으면서 승승장구할수록 나는 오히려 더 겸손해지기 위해 노력했다. 직원들보다 먼저 출근해 손걸레로 책상을 닦으며 모범을 보였다.

처음에는 색다른 과장의 행보에 당황하던 직원들 역시 나중에는 자연스럽게 받아들이면서 내게 스스럼없이 다가왔다. 상사나 동료, 부하직원들에게 친화력 있는 사람으로 평가를 받는다는 것은 기분 좋은 일이었다.

95년 8월 지역경제과장으로 보직을 옮겼다. 이 자리는 내 인생에서 또 다른 시험대가 되기에 충분했다. 당시 시장은 강제동에 직업전문학교를 유치했는데 공사도 시작하기 전에 기능대학으로 승격시킬 수 있는 정보가 있다며 그 일을 해내라고 했다.

말 그대로 '맨 땅에 헤딩' 하는 격이었다. 정말 어디서부터 손을 대야 할지 막막하기만 했다. 지푸라기라도 잡고 싶은 심정이었다. 하지만 이런 고난은 그동안 내가 맺은 인맥으로 돌파할 수 있었다. '인맥'이 '금맥'이 되는 순간이었다.

고향에 왔다가 찾아온 초등학교 동창과 사무실에서 이런저런 이야기를 나누던 중 자신의 형이 노동부 과장으로 있다는 얘기를 한 것이다. 그 순간 귀가 번쩍 뜨였다. 캄캄한 어둠 속에서 태양을 본 심정이었다.

쇠뿔도 단김에 빼라고 그 친구에게 사정해 이튿날 곧바로 아침 일찍 함께 노동부로 가서 소개를 받고 기능대학 승격을 추진했고 마침내 기능대학을 제천으로 유치하게 되었다. 당시 충주시가 유치하기 위해 한 달쯤 미리 담당부서를 다녀갔던 상황에서 우리가 선제적으로 유치에 성공한 것이었다.

제천시민의 염원인 국립대학 하나를 제천에 유치하자고 의기투합하여 제천기능대학 설립이 확정되자 학교 건물을 신축하게 되었다. 신축과정에서도 몇몇 토지주들이 보상금 때문에 반대를 하여 난관에 봉착하기도 했으나 수차례 밤낮으로 찾아가 이해시키고 설득하며 순조롭게 추진하여 드디어 개교를 하게 되었다.

하지만 가슴 아프게도 각고의 노력 끝에 열었던 그 학교는 지역 사회의 무관심 속에 폐교돼 버렸다. 지금도 그곳을 지나칠 때면 담당사무관의 집까지 찾아가 소주를 나누던 일 등 옛날 고생했던 일들이 주마등처럼 스쳐지나간다. 안타까운 일이 아닐 수 없다. 그때의 고생과 역경이 생생하지만 학교에서 주는 감사패 하나로 모든 마음을 달래야만 했다.

공무원이란 한 자리에 오래 근무할 수 없어 여건에 따라 옮겨가며 근무를 하게 되는데 나 또한 예외일 수는 없었다. 98년 9월 사회복지과장으로 전보되었다. 전보 직전만 해도 사회과와 가정복지과로 나누어 운영하던 것을 조직관리 차원에서 사회복지과로 축소 편제하여 사회업무와 여성복지업무를 함께 추진하게 된 것이다.

사회복지과장으로 가서 업무를 파악해 보니 이 세상에서 가장 어렵고 힘들게 살아가는 영세민이나 장애인에 대한 복지대책이 너무도 부족하다는 생각이 들었다.

장애인들에게도 일을 하고 대가를 받을 수 있는 기회를 주면 어떨까, 내내 고심했다. 그때 지역경제과장으로 재직할 당시 조성한 고암농공단지 부지에 아직 분양이 안 된 평지가 있다는 것을 알고 이곳을 장애인 자립장으로 추진하면 어떨까 하는 생각을 하게 되었다. 그 땅 중 2천여 평을 장애인 자립 작업장으로 마련하여 1백여 명의 장애인이 일할 수 있는 터전으로 만들었다.

여성들의 권익신장을 위한 방안 마련을 위해 고심하기도 했다. 여성회관에 있는 어린이 집을 폐쇄시키겠다고 보고한 후 여성회관의 원생들을 인근 여러 개의 어린이집으로 분산하여 보냈다.

그런 과정에 부모들의 거센 반발과 항의도 있었지만 대화로 설득하여 어린이집을 철거하게 되었다. 그리고 15개 여성단체가 이곳에서 활동할 수 있도록 함으로써 여성들의 취미생활과 프로그램운영 등 사회참여 기회를 제공해 주었다. 양성평등과 여성친화가 하나의 사회 트렌드로 자리 잡은 요즘 이 사업은 내게 큰 보람을 주는 일 중 하나였다.

2000년 1월 기획담당관으로 자리를 옮기면서 시정 전반을 다루면서 또다시 중앙부처와 도청을 수시로 드나들며 예산 확보에 전념하였다. 당시에는 시민 생활에 가장 불편이 큰 소방도로 개설에 행정력의 60퍼센트 이상을 투자했다.

그러면서 틈틈이 문제점 있는 사업들을 챙기며 직원들을 적극 독려하는 과정에서 때론 직원들의 볼멘소리도 적잖게 듣기도 했다. 시민과 공직자들을 위하는 길이라고 생각했기 때문에 소통으로써 직원들을 이해시켜 나갔다.

재직 말기에 협회임원구성이 잘 안 되어 어려움을 겪던 제천탁구협회의 회장을 8년간 맡아 본궤도로 올려놓기도 했다. 체육회 가맹단체 협의회장을 맡아 체육인들의 화합과 경기력 활성화에 남다른 노력을 기울였다. 제천남당로터리클럽에서 회원들과 봉사활동을 하며 인생의 참의미를 깨닫기도 했다.

2002년 5월 민선 3기 제천시장 선거가 시작되었다. 시장은 3선에 도전을 하겠다는 결심을 굳히고 발 빠르게 선거전에 돌입했다.

그러나 당시 장애인이면서 보건소장 후보 물방에 올랐던 모 과장을 승진인사에서 배제시킨 관계로 전국 장애인협회 회원들과 인권 관련단체로부터 치열한 공격을 받았다. 중앙 매스컴에서까지 이슈로 불거졌던 그 건으로 시장의 3선 도전은 어려움에 빠져 버렸다.

그러던 중 다른 후보가 승리를 장담하며 여러 차례 도움을 나에게 청했으나 번번이 거절했다. 무엇보다 나는 중립을 지켜야 하는 공무원이라는 소신으로 지금까지 살아왔다. 게다가 동료들과의 의리와 상하관계에 있어 존경심과 자존심으로 살아왔던 나는 아무리 승리가 유력시된다고 하더라도 진중하게 움직여야 한다는 소신을 품고 있었다.

예상대로 현 시장은 낙선하고 말았다. 시장 당선자에게 나는 전에 도와주지 못한 것에 대한 책임을 지고 인정받던 기획담당관의 자리에서 물러나겠다고 말했다.

그 와중에도 시정방침을 신속히 만들어야 한다는 의중을 전하고 시정 캐치프레이즈를 '살맛 나는 푸른 제천'으로 정해 5개항의 시정 방침을 만들어 취임과 더불어 산하기관에 시달했다. 물러날 때까지도 결코 나는 내 소임을 잊지 않았다. 신임시장은 취임 20일 만에 상대적으로 한직인 세정과장으로 나를 발령 냈다.

다른 이 같으면 분해할 텐데 나는 그동안 못 쉬었던 것을 이번 기회에 쉬겠노라며 오히려 분해하는 주변 사람들을 위로했다. 사실 그간 요직만을 맡았던지라 휴식 한번 제대로 누린 적이 거의 없었다.

그렇지만 마음 한구석에 원망과 분노가 없을 수만은 없었다.

와신상담의 기회로 삼자 싶었다. 못 가본 여행도 하고 퇴근 후 용두산 등산도 하는 등 여유로운 생활을 했다.

그런데 악연의 실타래는 한번 꼬이면 풀기 어려운 법이다. 3개월이 지나갈 무렵 박달재 휴양림의 미니 동물원에서 사고가 생겼다. 때마침 나는 심한 폐렴에 걸려 병원에 입원한 상태였다. 주변에 민폐를 끼치기 싫어 집안에 볼일이 있다고 하고 병가가 아닌 연가를 내어 입원치료를 하던 중이었다.

하지만 치료를 마치고 3일 만에 출근했더니 시장이 잔뜩 오해를 하고 있었다. 일부러 내가 휴양림 사고를 알면서도 한번 고생해보라는 뜻으로 모른 체했다는 것이다. 기자들과의 친분관계가 있으면서도 대책에 나서주지 않았다고 하면서 홍보체육과장으로 나를 발령을 내버렸다.

과장으로서 첫 보직이었던 그 자리에 또 가는 것은 내게 어쩌면 모욕적인 일일 수도 있었다. 필요할 때 곁에서 적극 지원하겠노라고 했지만 3개월 만에 나를 인사 이동시킨 것이다.

홍보체육과장으로 발령 나자마자 무슨 일복이 그리 많은지 내 앞에는 산더미 같은 미션들이 주어져 있었다. 바로 2004년 충북에서 개최되는 전국체전을 대비하여 제천에 하키장을 만드는 일이었다. 노력만 갖고는 해낼 수 없는 너무 벅찬 과업이었다. 약식 설계를 해보니 하키장 2면을 설치하는 데 공사비가 59억 원 정도가 들었다. 하지만 예산은 겨우 고작 22억 원뿐이었다.

나는 문광부와 도청을 방문하고 과거 인맥을 동원하여 예산 확보에 나섰고 30억 원의 예산을 더 확보할 수 있었다. 녹록한 것은 아무것도 없었다. 공사과정에서 사유지 4백여 평을 매입해야 하는데 토지주가 동의하지 않아 3개월 늦어졌고, 바닥이 수자원공사 소유인지라 충주와 대전으로 단내가 나도록 다니며 협의 승낙을 받아내기도 했다. 비록 힘은 들었으나 청풍면에 세계적인 국제규격의 하키장을 만들게 되어 가슴 뿌듯했다.

여담이지만 지난 2010년 어느 날 문화체육관광부 직원으로부터 연락을 받았는데 당시 중앙부처 담당자가 나를 공무원이라고 하기에는 일에 봉사적인 열정이 충만했던 사람으로 기억하고 있었다. 내가 당선된 2010년 지방선거 발표 내용을 보고 당연한 결과라고 생각했다는 소회도 전해 들었다.

배드민턴 협회에서 전용구장을 건립해달라는 요구로 전임자가 예산 7억 원을 확보해 놓은 상태였는데 이 또한 예산이 터무니없이 부족했다. 다시 행자부와 문광부, 충북도청을 방문하여 25억을 확보해 손색없는 전국 제일의 배드민턴 전용구장을 마련했다.

이러다 보니 체육동호인들에게 나는 인기가 좋았다. 경기장에 시장과 함께 다니다 보면 다음엔 시장을 나오라는 말을 많이 들었다. 하지만 이런 농담같은 인사치레에 시장은 불편한 심기를 서슴없이 내비치곤 했다. 지인들에게 입단속을 부탁할 지경이었다.

2년 세월이 지나자 나에겐 또다시 시련이 몰려왔다. 인기가 오르는 나를 두고 볼 수 없었던 시장은 2005년 1월 생활민원 과장으로 발령을 냈다. 무슨 잘못을 한 것도 아니었다. 단지 시민들이 시장 출마 운운했다 하여 이해 못 할 인사 전횡을 휘두른 것이었다.

가슴이 답답하고 분통이 터졌다. 32년 공직생활을 하면서 참는 것을 스스로 익혀 왔기 때문에 분통함을 행동으로 보이지 않고 가슴에 묻으려고 했다.

그러나 그 마음을 끝까지 다스리지 못하고 이 신세에서 하루빨리 벗어나 진정 내가 고장을 사랑하는 만큼 더 큰일을 해야겠다는 의지가 내 가슴을 뜨겁게 달아오르게 했다.

끝내 진정한 오너로서 그동안 꿈꿔왔던 새로운 제천을 건설하겠다고 결심하면서 공직에 명예퇴직을 신청했다.

인생은 크고 작은 선택들이 그 사람의 운명을 결정짓는 것 같다. 내 앞에 놓인 단단하지 못하고 불투명한 길에 선뜻 발을 들여놓는 것이 쉬울 리가 없었다. 하지만 알 수 없는 예감 같은 것이 그 당시에 내게 있었다.

'좀 더 안정된 퇴보냐, 불안정한 개척이냐?'

내 망설임이 길지 않았던 것은 다행이었다. 인사이동 3개월 만에 과감히 공직에서 물러났고, 1천여 명의 직원과 친지들이 지켜보는 가운데 공직생활을 마감했다.

비록 중간에 어쩔 수 없이 나오긴 했지만 단언컨대 제천시는 나의 전부였고 나의 모교였으며 영원한 마음의 고향이었다.

좌충우돌
선거 입문기

명예퇴임식을 마치고 가족들과 함께 식사 자리를 마련했는데 내 얼굴이 너무 어두워서인지 침울한 분위기 속에서 식사를 마쳤다. 아무리 표정을 밝게 하려고 노력했으나 겉으로 표출되는 얼굴 표정은 어쩔 수가 없었다.

다음날 새벽 4시에 일어나 의림지로 올라갔다. 아버지 산소를 가려 했으나 어두워서 올라갈 수가 없어 산소를 향해 수없이 절을 했다.

'아버지 제가 가슴 속에 품고 있던 일을 이제 시작하려고 합니다. 이 아들을 지켜봐 주시고 도와주세요.'

정신없이 절을 하다 보니 날이 새기 시작했다. 산으로 운동하기 위해 올라오는 사람들이 하나둘씩 보이기 시작했다. 나는 그들에게 인사를 하기 시작했다. 지금 되돌아보면 그것이 나의 첫 선거운동이었던 셈이다.

퇴직 후 민간인으로 있다 보니 한계가 있었다. 지역발전에 대한 평소 구상을 실현하기 위해 정치에 입문했다. 명함을 파서 행사장을 찾아다녔다. 막상 퇴직을 하고 사람들의 얼굴을 대하려고 하니 쑥스럽기도 하고 뭔가 나사 빠진 사람처럼 어색하여 행사장에 들어가 보지도 못하고 머뭇거리다가 돌아왔다.

현직에 있을 때는 시청이라는 배경이 있었기 때문에 해결이 쉬웠지만 퇴직하고 나서 나한테 도움을 받았던 사람들조차 등을 돌리거나 눈치 보기에 급급했다. 더군다나 현 시장과 경쟁을 하는 구도다 보니 나를 따르던 직원들조차도 몸을 사리는 것이 노골적으로 보였다.

집에 와서 생각했다. '내가 왜 이렇게 나약해졌을까? 그 옛날 패기는 다 어디로 갔을까? 나는 이대로 가면 실패한다.' 실패라는 말을 수백 번 되뇌며 다시 한번 마음을 다잡았다. 그리고 다음날은 행사장을 씩씩하게 걸어 들어갔다.

뜻밖에도 많은 사람들이 나를 알아보고 용기를 주었다. '아, 바로 이거구나. 무슨 일이든지 자신 있게 하면 되는구나!' 하면서 나 자신을 위로했다.

시민들의 생활현장을 찾아다니기 시작했다. 고추밭에서 고추도 따주고 논에서 모도 심어주고 배추밭, 딸기밭, 수박밭으로 다니면서 민생을 몸으로 체험했다. 몸에 밴 습관 탓에 지역 곳곳을 다니면서 많은 경험을 했다.

공무원으로 있을 때는 모르던 부분들이 보이면서 그런 문제를 해결하기 위한 여러 가지 대책구상에 고민이 많았다. '내가 만약 시장에 당선되어 행정을 제대로 추진하려면 설계도면 정도는 들여다볼 줄 알아야 되지 않겠는가' 하는 생각에 대원대 토목과에 입학하기도 했다.

저소득 주민들 중 건축이나 간단한 보수를 해야 하나 기본적인 설계를 할 수가 없어 집수리를 포기하는 등 어려움을 겪는 사람이 많다는 것을 알았다. 설계사무소에 맡기면 되겠지만 생활이 어려워 엄두를 못내는 형편이었다. 용기를 내어 설계 해독 능력을 배우면 나름대로 필요로 하는 주변 사람들을 도울 수 있을 거라 생각했다.

늦게 다시 시작된 주경야독의 생활을 나는 즐거이 누렸다. 교수보다 나이가 더 많은 나는 반장을 맡아 나이는 숫자에 불과하다는 말을 수없이 되뇌며 열심히 다녔다. 모범학생으로 선발되어 어린 학생들과 같이 동경대학으로 연수를 다녀오는 영광도 누렸다.

함께 갔던 다른 과 학생들이 모두 내가 교수인 줄 알고 있다가 저녁시간에 자기소개를 하는데 내가 학생이라고 하며 재미있는 농담을 늘어놓았더니 모두 웃음바다가 되었다.

학교축제와 체육대회에도 꼭꼭 참석하고 자식보다 어린 학생들과 어울리며 공부를 하니 내가 그 나이 또래로 돌아간 것 같은 착각을 느낄 때도 있었다. 낮에는 시민의 소리를 듣기 위해 발로 뛰고 밤에는 공부를 하려니 좀 힘들었지만 그래도 설계도면을 볼 줄 아는 실력을 쌓는 것이 내가 생각해도 기특하기만 했다.

새로운 각오를 하면서 과거에 연연하지 않고 다시 시작한다는 자세로 더 열심히 뛰어다녔다. 아침에만 가족들 얼굴을 볼 수 있을 정도로 바쁘게 뛰어다닌 덕분에 낮았던 인지도를 높일 수 있었다. 드디어 경선에 임하면서 현역시장을 699표 대 633표로 이길 수 있었다.

그러나 처음 도입한 여론조사에서 명암이 갈렸다. 30퍼센트를 적용하는 바람에 현역이라는 프리미엄에 져버린 것이다. 결국 가슴 아픈 고배를 마셨다. 어느 정당의 시장 후보를 뽑는데 당원들의 표로 결정하면 될 것이지 여론조사로 승패를 뒤바꾼다는 것은 이해가 쉽게 되지 않았다.

처음에는 단념하는 것이 말처럼 쉽지는 않았다. 조금은 억울하고 아쉬웠다. 하지만 이는 경선 승리가 내가 오르고자 했던 마지막 봉우리라고 여겼던 까닭이었다. 봉우리가 산 전부는 아니었다. 봉우리는 산의 일부분일 뿐이었다. 그리고 더 큰 봉우리는 언제든 나타날 수 있다는 것을 깨달았다.

경선 승리에 이내 깨끗하게 승복했다. 나를 지지해준 많은 사람들이 역시 의리 하나로 살아온 깨끗한 사람이라며 위로했다.

사람은 누구나 자신의 인생 절정이 다르다. 하지만 지금 그 절정을 향해 가는 이 여정 모두가 우리의 소중한 삶이라는 깨달음은 소중하다. 그래야 하루하루 허투루 보내지 않을 것이다.

한나라당 시장후보 경선에서 패배한 나는 차기를 기약하자며 스스로 마음을 달래었다. 그러던 중 당에서 도지사 후보 체천·단양 선거대책본부장을 맡아달라는 제의가 왔다.

나는 바로 수락하고 내가 쓰던 사무실을 도지사후보 선거사무실로 전환하여 나를 지지해주던 사람들과 함께 도지사후보 선거운동을 하기 시작했고 한 달 만에 도지사를 당선시키는 기쁨을 안았다. 그러나 나에게는 또 다른 시련이 다가오고 있었다.

나의 모교인 제천농고(현 제일고) 동문들의 모임회가 있었다. 이 모임은 선후배로 나뉘어져 있는데 후배 모임의 회장을 내가 맡게 되었다. 친목회 모임을 화합 분위기로 이끌기 위해 총회 때 나는 1백만 원을 찬조했다. 이는 전례이기도 했다.

1년 후 결산보고 하는 자리에서 사무국장이 발표를 했고 그 내용을 들은 어느 후배가 청주지방검찰청 제천지청에 신고를 했던 것이다. 선거 사무실에 있던 나는 갑자기 영문도 모르고 사무실과 자택 동창회 사무실 등 3곳을 압수수색 당했다. 10시간이 넘는 조사를 받고 밤이 늦어서야 집으로 돌아왔다.

가족들과 지인들의 걱정 속에 황당한 일을 당한 나는 말문이 막혔다. 나 때문에 역대 사무국장들이 줄줄이 불려가 조사를 받아야 하는 고통을 안겨주었다. 그들 모두가 전임 회장들은 이보다 더 많은 찬조를 했고 이는 전부터 내려오던 관행이었다고 진술을 했고 증빙자료도 모조리 제출했다.

모든 분들의 도움으로 다행히 처벌을 받지 않고 무사히 끝났지만 신고한 후배에 대한 서운한 마음으로 한동안 힘들었다. 분한 마음에 맞대응을 할까 하는 생각도 했지만 모든 게 잘 마무리되었으니 참는 것이 상책이라는 생각을 하고 아무도 모르게 그냥 덮기로 했다.

진실은 언젠가는 다 알게 되는 법이다. 이 사건이 입을 통해 소문으로 퍼지면서 나는 '뚝심과 정의의 사나이'라는 이미지를 얻게 되어 오히려 전화위복이 되었다.

시간은 흘러 또다시 차기 선거 준비를 위해 나는 독한 마음으로 새벽부터 골목골목은 물론 논두렁 밭두렁을 누비고 다녔고, 인력시장, 농산물시장 등을 찾아다니며 많은 시민들과 서민층을 만났다.

이렇게 만나는 사람들의 한결같은 목소리는 "경제를 살려야 한다!"는 소리였다. 나에게 경제라는 단어가 귀에 딱지가 앉을 정도로 박혔다. 그래서 혼자서 시정을 구상할 때마다 '어떻게 하면 이 작은 도시의 경제에 불을 당길 수 있을까' 하는 생각으로 고심했다.

그래서 도출된 것이 4대 핵심경제사업 공약이었다. 내 공약은 다른 후보자에 비해 특화되고 실천적이어서 선거과정에 많은 이슈가 되었다.

첫 번째, 시민의 오랜 숙원사업인 서울대학교 의과대학 제천분원 설립을 조속히 추진하는 것이었다. 이미 지역특성을 감안한 치료와 휴양 개념의 일부 진료과목이 상당 부분 협의 진척된 사안이었으므로 향후 미래창조 기획단에서 본격적으로 부속병원 설립을 가시화하겠다는 공약이었다.

두 번째, 돈 버는 청풍호변 한방바이오월드 조성 건이었다. 130여 리 청풍호반을 완벽히 보존한다는 원칙 아래 약선 음식 시설, 한방사우나 및 숙박시설, 산악자전거 등 레포츠 시설, 비만클리닉 등 맞춤형 특화 프로그램을 운영해 돈이 풀리는 종합 건강휴양타운을 만들겠다는 내용이었다.

세 번째, 교육문화 컨벤션 센터를 건립하는 것이었다. 교육문화시설은 도심지에 위치해야 다수의 시민이 널리 이용할 수 있다. 넓은 주차시설과 쾌적한 공원, 바다수족관 등을 골고루 갖춘 교육·문화·상업시설이 들어 선 초현대식 건물로 건립되면 남녀노소 모두가 편하고 즐겁게 이용하는 공연, 문화, 여가공간으로서 제천시의 유명한 랜드마크가 될 수 있다는 내용이었다.

네 번째, 일반시민과 전문가 그룹, 공무원 등으로 구성된 시장 직속기구로 시민고충 처리위원회를 운영하여 시민들의 어려움이나 불편사항을 원-스톱으로 시원하게 해결해 드린다는 내용이었다.

실천가능성과 발전가능성을 면밀히 분석하여 채택한 나의 공약들은 시민들에게 전파되어 이내 큰 반향을 불러 일으켰다.

제천호
선장으로 컴백

어느 날 당 사무실에서 오라는 연락이 왔다. 그간 다져온 나의 입지와 당에 대한 공헌도 등을 볼 때 이번에는 경선 없이 공천을 줄 것으로 믿고 있었는데 이 생각은 여지없이 빗나가고 말았다.

당에서는 경선을 할 예정이니 기간 내에 경선경비를 납부하라는 것이었다. 또 민선 4기처럼 여론조사와 선거인단 5천 명을 구성해 실시한다는 것이다. 이는 경선을 통해 당이 선거 분위기를 선점한다는 뜻이었다. 당시 상대 당의 예비후보보다 커리어가 낮았던 나로서는 어쩔 수 없이 따라야 하는 결정이었다.

2010년 7월, 제천시장 선거는 다윗과 골리앗의 싸움으로 비견되었다. 시청 과장 출신의 나는 '다윗'이었고, 국회의원과 해양경찰청장을 지낸 상대편 후보는 '골리앗'으로 비유되었다.

전국에서 제일 먼저 경선을 치루면서 나는 압도적인 승리로 거

뜬히 한나라당 제천시장 후보가 되었다. 선거는 이때부터 본격적으로 시작되었다. 모든 당직자들이 사무실로 몰려오고 격려 전화도 끊이질 않았다.

선거일이 다가오고 TV 방송 토론이 시작되었다. 방송 경험이 없었던 나는 토론 준비는 뒷전으로 미뤄두고 그저 한 사람이라도 더 만나야겠다는 욕심으로 동분서주했다. 방송토론이 있는 당일에도 시장통을 누비다가 시간에 맞춰 방송국으로 갔는데 시작되자마자 준비해간 자료가 뒤엉켜 당황하는 바람에 토론을 망쳐버리고 말았다. 끝나고 돌아오는 길에 아내에게서 걱정 어린 전화가 오기 시작하더니 여기저기서 준비를 더 해야겠다는 일침이 쏟아졌다. 상대당의 후보사무실에 사람들의 발길을 줄을 잇고 있다는 소리도 들렸다.

참으로 암담했다. 그러나 나는 설마 하늘이 여기까지 온 나를 버리기야 하겠는가 하는 생각으로 다음 방송토론을 앞두고 3일 동안 철저히 준비를 했다. 덕분에 두 번째 방송은 실수 없이 잘했다. 그렇게 잘하는데 지난번에는 왜 그랬냐는 전화와 칭찬의 소리가 끊이질 않았다. 수그러들었던 자신감도 다시 생겼다.

여론조사는 박빙이었다. 나는 모든 당직자들을 다독여 선거 막바지를 향해 달렸다. 나 혼자 피 말리는 고통을 당하며 선거전을 치르는 모습을 지켜보던 아내도 본격적으로 발 벗고 나섰고, 천안에서 회사에 다니는 아들과 서울의 딸도 금요일 저녁에 와서 토요일과 일요일을 꼬박 도와주고 밤에 올라가는 생활을 반복했다.

선거 막바지에는 딸이 아예 연가를 내고 적극적으로 도왔다. 어머니와 형제들 모두가 한마음으로 코피까지 쏟아가며 도왔다. 선거 막판으로 치달으며 선거사무실은 방문자가 급증했다. 이길 수 있다는 자신감이 생겨나기 시작했다.

드디어 숙명의 선거일이 하루 앞으로 다가왔다. 마지막 날 밤 이제는 운명에 맡기겠다는 생각으로 잠을 좀 자려고 했으나 도무지 잠이 오지 않았다. 우리 부부는 뜬 눈으로 밤을 새우고 선거일 아침을 맞았다.

아침 일찍 아내와 함께 투표소로 나가 귀중한 한 표를 찍었다. 많은 사람들의 격려도 받았지만 왠지 불안한 마음을 감출 수가 없었다. 순간순간 당선과 낙선이 교차하는 허상이 자꾸 떠올라 아무 생각도 나질 않았다.

오후에는 사무실에 나와 지지자들과 TV를 함께 보고 있는데 출구조사 결과 한나라당 지사 후보가 졌다는 소식이 들려왔다. 그래도 나는 한구석 믿는 바가 있었다. 열심히 노력한 나를 하늘도, 제천시민도 결코 버리지 않을 것이란 기대였다.

개표가 시작되고 처음 개표에서 4백여 표를 뒤진다고 했다. 사무실엔 침통한 분위기가 흐르고 아내는 보다 못해 집으로 들어가 버렸다. 그리고 1시간 쯤 뒤 현지에 나가있던 사무원이 반가운 소식을 전해왔다. 오히려 4백여 표를 앞서고 있다는 것이다. 모두들 가슴을 조이며 개표방송을 보고 있는 중에도 몇 번을 엎치락뒤치락 하다가 개표 중반쯤부터는 계속 앞서가기 시작하더니 선거 사무실에 환호가 일기 시작했다.

나는 세상에 태어나 5시간 이상을 숨죽이며 초조해 본 적이 없었다. 공무원 사무관 승진 시험 때도 떨어지면 창피해서 어쩌나 하는 생각뿐이었지 이렇게 초조하고 불안하지는 않았다. 그러나 이번 선거만큼은 달랐다.

선거 사무실에서 초조한 시간을 보내는 동안 내 인생은 몇 번이나 바뀌었는지 모른다. 이번에도 떨어지면 아내와 함께 의림지에서 열심히 두부 장사나 해야겠다는 생각을 하다가도 '또 떨어지면 주위 사람들이 나를 어떻게 볼 것인가? 나는 또 그들을 어떻게 볼 것인가? 제천을 아예 떠나서 어느 시골에 가서 마지막 여생을 보낼 것인가?' 하는 상상을 하며 눈을 감고 있었다.

얼마쯤 시간이 지났을까?

사무장이 쪽지를 건네주기에 뭐냐고 물었더니 환한 얼굴로 "이젠 됐습니다. 드디어 앞섰어요." 하는 것이었다. 순간 나도 모르게 "뭐?"라고 소리를 지르며 쪽지를 확인했다. 9시 30분 현재 7백여 표가 앞선다는 내용이었다.

그제야 희망이 보이는 것 같았다. 사무실에 있는 사람들에게 힘내자고 격려하면서 편안한 마음으로 TV를 지켜보고 있는데 11시가 되자 1,700여 표가 앞서고 기자들이 몰려오기 시작했다. 당선 인터뷰를 하자는 것이었다.

그때까지도 나는 믿어지지 않았기 때문에 아직 완전히 이긴 것이 아니라서 인터뷰를 할 수 없다고 미루다가 12시쯤 개표율 95

퍼센트가 되자 기자들과 카메라 앞에서 당선소감을 말하고 꽃다발을 받았다.

선거사무실에서의 환호 속에 무어라 말할 수 없는 기쁨을 맛보며 모두에게 감사하다는 인사를 건넸다. 그제야 아내가 빙그레 웃으며 들어오고 있었다. 초반에 떨어졌다고 생각하고 집으로 들어가서 TV도 보지 않고 있다가 딸의 전화를 받고 나온 것이었다. 복받쳐 오르는 기쁨에 눈물을 흘렸다. 무어라 표현할 수 없는 이 기분은 선거를 치뤄본 사람이 아니고서는 느끼지 못할 것이다.

제천에서 태어나고, 제천에서 자라 제천 토박이로 32년간 제천시 공무원으로 일한 결과 드디어 제천시장으로서 고향을 발전시키고 위상을 높이겠다는 뜻을 당당히 펼치게 된 것이다.

2010년 6월 2일, 내 생에 있어서 가장 힘들었고 또 가장 기쁜 날이었다. 죽었다가 다시 태어난다 해도 잊을 수 없는 날이었다.

힘든 시기를 겪으며 세상엔 앞면만 있는 게 아니라 뒷면도 있다는 것을 알게 되었다. 조락의 시기도 있지만 절정의 시기가 있기에 어쩌면 인생은 한 번쯤 살아봐도 될 만한 아름다운 것인지도 모른다.

내 인생의 동반자, 아내

1846년 서부 개척민 80명이

캘리포니아 산맥을 넘다 눈보라를 만나

도너 계곡에 갇혔다.

젊은 독신 남자 열다섯 명을 빼곤

여자아이부터 예순다섯 살 할아버지까지 가족들이었다.

이듬해 봄 구조됐을 때 살아남은 독신 청년은 세 명뿐이었다.

가족들은 노약자가 많은데도 60%가 생존했다.

'가족은 생존의 보증수표'라는 말을 증명했던 일화들이다. 가족만큼 심리적인 안정감을 주는 존재도 없다. 톨스토이 역시 『세 가지 질문』이라는 책에서 우리에게 가장 중요한 때, 가장 중요한 사람, 가장 중요한 일은 바로 '지금'이고 '내 옆에 있는 사람'이며 '지금 내가 하고 있는 일'이라고 답했다. 바로 가장 중요한 사람은 바로 지금 내 옆에 있는 사람, 바로 '가족'이다.

가족은 모든 인간관계의 기본이며 시작이다. 가족은 존재하는 것만으로도 힘이 된다. 가족은 어떤 경우에도 서로를 쉽게 포기하지 않는다. 가족과 함께 가면 어떤 고난도 두렵지 않다.

건강한 사회에 꼭 필요한 이타심과 희생, 협동과 신뢰의 원천을 배우는 요람이 바로 가정이다. 올바른 가족을 부활시키는 것은 국가와 공동체를 위해서는 가장 먼저 이뤄져야 한다.

내 삶의 모든 고비마다 내게는 고마운 사람들이 정말 많다. 정신적으로 멘토가 되어주신 분들도 계시고, 방황하는 시간 동안 내 손을 잡아주고 나와 같은 방향을 바라보며 걸어주었던 많은 친구들과 지지해 주신 시민들도 무수히 많다. 정말 감사드린다.

그중에서 내 영혼의 반쪽이자 내 인생의 동반자, 내 곁에서 늘 삶과 사람에게 받은 무수한 상처를 치유해 준 아내에 대한 이야기를 쓰지 않을 수 없다. 부부라는 관계는 두 사람의 삶을 풍성하게 만들어주며 위기가 닥쳤을 때 싸워 이기게 만드는 힘이 된다.

그녀를 만날 수 있었던 것은 엄밀히 말하면 내가 공직에 입문했기에 가능했던 일이다. 물론 한 순간에 반한 내가 끈질기게 따라다니며 구애를 했고, 유순하고 맑은 심성의 아내가 이렇게 틈 많고 부족한 나를 받아주었기에 가능했던 사랑이기도 하다.

수산면 사무소에 근무하면서 나의 아내 고향인 원대리를 담당하게 되었다. 지금의 처삼촌께서 그 당시 마을 이장을 하고 있어서 출장을 가면 거의 처삼촌 댁에서 식사를 하게 되었고 처갓집은 처삼촌 댁 근처의 같은 마을이었다.

76년 4월, 전 국민이 주민등록을 새로 하게 되었다. 아내가 서울에서 직장 생활을 하다가 주민등록증을 발급받기 위해 고향으로 오던 날 나는 때마침 이장님 댁 앞에서 마을 주민들과 이런저런 이야기를 나누고 있었다.

그때 농촌에서 볼 수 없는 세련된 도시 여인이 버스에서 내려 멋진 가방을 들고 긴 머리를 휘날리며 가는 모습에 넋을 잃었다. 빼어난 외모에 마음이 끌려 눈을 뗄 수가 없었다.

이장님 댁으로 들어가는 뒷모습에 내 마음은 흔들리기 시작했다. 옆에 있던 사람에게 물었더니 이장님 조카딸이라고 했다. 그때부터 그 자리를 떠나지 않고 늦은 시간까지 그 여인이 나오기만을 기다렸다.

마을 주민들과 인사를 나누고 집으로 가는 아내의 뒤를 따라가 집을 알아두었다. 나의 배필로 만들어야겠다는 마음을 먹고 이틀날 다시 달려갔다.

바로 이장 댁으로 가서 지금은 사촌처제가 된 처삼촌 딸에게 언니 좀 만나게 해달라며 사정을 했다. 처제는 언니가 버스로 벌써 떠났으니 부지런히 단양역으로 가보면 잘하면 만날 수 있을 거라 했다.

그 소리를 듣자마자 나는 오토바이 엔진이 터져라 최고 속력을 내어 비포장 길의 먼지를 뒤집어쓰며 달려갔다. 단양역에 도착해보니 열차는 벌써 떠난 뒤였다. 그렇게 허탈할 수가 없었다.

한참 동안 열차 꽁무니를 바라보다가 어쩔 수 없이 발걸음을 돌려야만 했다. 면사무소에 돌아왔으나 일이 손에 잡힐 리가 없었다. 안절부절 자리에 앉았다, 일어섰다 하며 일하다 보니 점심도 굶고 저녁때가 되었다.

동료 직원들이 저녁 먹으러 가자고 하여 식당에 갔지만 밥 먹을 생각은 나지 않고 소주나 한잔해야겠다는 생각이 들어 그저 한없이 소주만 들이켰다. 마치 실연 당한 사람처럼 말이다.

하지만 사나이 최명현은 집요했다. 벙어리 냉가슴만 앓는 것은 내 취향이 아니었다. 이튿날 출근하자마자 다시 원대리로 출장을 가서 다시 그 여인에 대해 이것저것 알아보았다.

그 여인도 나와 비슷한 어려운 빈농에서 6남매 중 셋째 딸로 태어났는데 아버지가 일찍 돌아가시어 여동생과 함께 서울의 조그만 중소기업에 취직했고 밑으로 중학교와 초등학교에 다니는 남동생 둘이 홀어머니와 함께 살고 있다는 호구조사까지 끝냈다. 그리고 발품과 입품을 팔아 마침내 서울 주소를 알아내었다.

무작정 청량리행 완행열차에 몸을 싣고 올라가 찾아간 곳이 지금의 전농동 자취방이었다. 세 들어 사는 단칸 월세방은 골목길을 따라 한참을 올라가야하는 그야말로 말로만 듣던 달동네에 있었다. 오랜 시간 기다려 저녁 퇴근을 하던 아내에게 불쑥 다가갔다. 아내는 아무 정보도 모르는 낯선 남자가 자신을 찾아온 자체를 경계하고 질색해 했다.

자기는 아직 남자를 사귈 시간도 마음의 준비도 안 되어 있고 돈 버는 일이 우선이라고 했다. 돌아가라는 말만 되풀이하며 방문을 열고 들어가려는 것을 가로막으며 문고리를 잡고 매달렸다. 실랑이를 하는데 보다 못한 여동생이 시내라도 가라고 했지만 여인은 필요 없다며 방문을 쿵- 닫고 들어가 버렸다.

오히려 지금은 처제가 된 여동생이 쌀쌀맞은 언니의 태도를 대신 사과했다. 청량리역에 도착해 새벽 1시 제천행 기차를 기다렸다. 청량리역 앞에 있는 식당에 들어가 처량하게 혼자 국밥을 시켜먹으면서 주변을 둘러봤다.

늦은 시간인데도 사람들은 많았고 뭐가 그렇게들 바쁜지 '정말 서울이라는 곳이 이렇게 바쁘게 움직이고 노력해야만 먹고살 수 있는 곳이구나!' 하는 생각을 하게 되었다.

'나도 실업계 학교를 가지 않고 인문계 고등학교를 갔더라면 서울로 올라와 고학이라도 하면서 이 사람들 틈에서 남부럽지 않게 포부를 한번 펼쳐볼 수도 있었을 텐데…' 하는 생각을 하며 가난한 내 처지를 한탄하기도 했다.

하지만 어쩌면 이것이 내 운명이 아닐까 생각했다. 수산면에서 아름다운 여자를 만났고 그녀를 내 여자로 만들기 위해 고생하고 있는 게 아닌가 하고 생각하자 오직 '김순옥'이라는 여자의 마음을 사로잡는 데 내 역량을 쏟아야 한다는 마음이 들었다.

이제나 저제나 서울에서 편지 오기만을 기다리는 날이 길어질

수록 마음은 초조했지만 그래도 참고 기다렸더니 어느 날 반가운 소식이 왔다. 이장님의 딸인 지금의 사촌 처제로부터 언니가 온다는 말을 들었다. 벌렁거리는 가슴을 안고 오토바이를 타고 원대리로 쏜살같이 달려갔다.

그렇게 다시 만난 아내는 여전히 쉽지 않았다. 나는 작전을 바꿨다. 삼촌이신 이장님과 아내의 오빠들을 공략하기 시작한 것이다. 편지도 보냈다. 하지만 아내는 감감무소식이었다.

편지에 대한 답장이 없자 무작정 다시 서울로 찾아갔다. 하지만 여전히 냉랭한 아내의 태도는 연심에 빠진 나를 퍽 서운하게 만들었다. 울컥 화가 나 "당신이 그렇게 대단합니까?" 소리쳤다.

한참 나를 바라보던 아내는 한번 생각해보고 답을 주겠다고 말했다. 그 이후에도 연애편지는 이어졌다. 요즘 말로 나름의 '밀당'이었겠지만 어쨌든 아내보다는 내 사랑이 더 크고 조급했다.

사나이 쓸개 다 빼내어 버리고 또 만리장성 같은 달콤한 편지로 사랑을 고백했다. 몇 달 만에 아내는 결국 내 마음을 받아주었다. 하지만 여전히 난관이 놓여있었다. 어느 여자가 5형제의 장남에게 선뜻 시집을 오려고 할까. 나는 3형제 중 막내라는 거짓말로 순간의 위기를 모면했다.

아내는 지금도 자신이 사기 결혼을 당했다고 우스갯소리를 하곤 한다. 집에 아내가 처음 인사를 온 날 마당에서 놀던 넷째와 막내 동생을 조카라고 속이며 식은땀을 흘렸던 기억이 생생하다.

선이 굵은 외모 탓에 '건달'이라는 소문이 돌아 큰 처남과 장모가 반대를 하였지만 우여곡절 끝에 그 곱디고운 여인은 마침내 내 아내가 되었다.

결혼에 골인했지만 아내는 내 거짓말을 탓하지 않았다. 나는 속인 것이 영 미안했다. 그런데도 난 신혼 초부터 좋은 남편은 아니었던 것 같다. 달콤한 말만 믿고 따라온 아내를 신혼여행도 못 데려가 놓고는 첫날밤마저 우리 집 사랑방에 혼자 두고 나는 하객들과 밤늦도록 술을 마셨다. 기다림과 원망에 찬 아내의 마음도 모르고 술에 취해 자고 일어나니 첫날밤이 지나간 것이다.

다음 날도 마을사람들과 인사나누기 바빴고 마을 노인들이 색시 구경한다고 하나둘씩 오는 바람에 아내는 한번 누워보지도 못하고 하루 종일 앉아서 손님을 맞이했다. 3일째 되는 날 처갓집으로 가게 되니 아내의 얼굴이 환해졌다.

그럼에도 아내는 내게 원망 한마디 하지 않았다. 수산면 사무소 뒤에 우리의 조그만 보금자리를 마련하고 한동안 재미있게 살았다. 출장 갔다가도 일찍 귀가했고 아침저녁은 꼭 집에서 먹는 등 정말 1년 동안은 정승 판서 부럽지 않게 살았다.

하지만 시간이 흐르자 동료직원들이나 지인들과 술 먹는 횟수가 늘었다. 쥐꼬리만 한 봉급으로 살림살이가 어려워졌다. 아내가 씀씀이를 줄이라고 해도 그리 잘되지 않았다. 아내의 마음고생은 이때부터 시작되었다.

아내는 불같은 성정을 가진 남편을 둔 죄로 불안한 순간도 많이 겪었다. 욱하는 성격에 주먹다툼을 하고 들어간 날 만삭이었던 아내가 공직에서 파면되는 것 아니냐고 눈시울을 붉히던 모습이 아직도 가슴에 박혀 있다.

이튿날 출장을 갔다가 늦은 시간에 집에 들어오니 아내는 아들을 낳아놓고 못난 남편을 기다리고 있었다. 아내에게 미안하다는 말로 위로하면서 아들을 얻은 기쁨에 그 일을 잊으려고 하는데 덕산면 발령이라는 통지가 날아왔다.

하지만 지금도 신기하지만 아내는 위기 앞에서 오히려 강인해지는 여자였다. 오히려 덤덤한 표정으로 괜찮다고 나를 위로해주었다. 덕산면으로 이사 가는 날 직원들과 주민들의 환송을 받으며 금방 해산한 몸으로 갓난아이를 업고도 새로운 곳에서의 살림을 차렸다.

아내는 이번 일이 반드시 전화위복이 될 테니 실망하지 말고 열심히 일이나 잘하라고 계속해서 나를 위로했다. 나에게 있어 아내는 너무나 고마운 사람이다. 사랑한다는 말보다 더 좋은 말이 있으면 나는 주저 없이 쓸 것이다.

제천에 다시 돌아와 부모님의 집에 들어간 후부터 아내의 고생이 시작되었다. 부모님 농사일을 돕기 위해 논밭으로 점심을 해 갖다드려야 했고 때로는 농사일을 거들고 소풀도 뜯어야 했다.

그런 생활이 1년쯤 지났을 때 딸을 낳았다. 이번에도 아내는 산부인과 문턱에도 가보지 못하고 집에서 산고를 겪었다. 한참 중요한 업무를 맡으며 바빴던 나는 아내를 챙겨줄 여유가 별로 없었다.

내가 가져다주는 박봉으로는 살림을 꾸려가기가 힘들어 의림 초등학교 앞에서 문구점을 운영하며 가계를 꾸려나갔고 고등학 생인 시동생들까지 돌봐주었다.

아들딸이 고등학교에 들어갈 때 쯤 전세금을 줄여 주공임대아 파트로 이사를 했다. 허리띠를 졸라매고 절약을 했더니 돈이 조 금씩 모여 아파트를 분양받아 이사를 했다.

33평 아파트로 이사 간 날, 우리 부부는 대궐이 부럽지 않았 다. 아들딸이 서울로 대학을 진학하자 아내는 나 몰래 한 푼이라 도 벌어야 한다며 남의 집에서 만두를 빚었고, 파출부 일까지도 마다하지 않았다.

매사에 욕심내지 않고 세상 순리대로 살아야 한다며 남편이 하 라는 대로만 살던 아내였지만 막상 아이들이 대학을 가고 경제적 으로 쫓기다 보니 돈을 벌어야 한다며 취직자리를 알아봐 달라고 매일 졸랐다.

그러던 중 부모님이 새 집으로 이사를 하고 전에 살던 집이 비 어있어 임대를 놓아야겠으니 와서 상의 좀 하자고 하셨다. 어머 니가 두부를 만들고 아내가 식당을 하면 어떻겠냐는 내 제안에 가족들 모두가 찬성했다.

자금이 없어 농협에 가서 1천만 원을 대출받아 주방 리모델링 을 하고 아내는 요리학원에 나가 20여 일 만에 자격증 시험에 합 격하여 정식으로 간이음식점 허가를 받았다. 그때 나는 사회복 지과장이었기 때문에 아내가 식당을 한다는 말을 할 수 있는 입장이 아니라 조용히 시작했다.

순박하던 아내는 장사하면서 많은 사람들을 상대하다 보니 배포도 커지고 말도 술술 잘하게 되었다. 장사 수완도 제법 좋았다. 그저 두 남매 등록금 정도나 보태야겠다는 생각이었지만 장사가 잘되어 서울에서 하숙하던 아들딸에게 연희동에 23평짜리 아파트를 전세로 임대해 주어 편히 공부하도록 해 주었다.

두 남매 교육은 아내가 책임지게 되었고 나는 그저 봉급으로 내 생활에 쓰고 나머지를 저축하게 되었다. 돈이 없어 결혼 패물까지 팔아서 생활비에 썼던 우리는 조금씩 생활에 여유가 생기게 되었다.

물 한 번 안 묻히게 해 준다고 해놓고 나는 너무도 아내에게 거짓말을 많이 했던 것 같다. 미안할 뿐이다. 퇴직 후에 아내는 오히려 더 강인해졌다.

선거운동을 하면서 아내의 도움도 적지 않았다. 당시 다른 후보자는 부인까지 적극 나서고 있었다. 여성 표에 대한 한계를 느낀다고 아내에게 말하자 아내는 처음부터 시장출마를 반대했던 사람이라 혼자 뛰기로 약속해놓고 왜 딴소리냐고 앞에서는 말했지만 이미 아내는 나를 도울 결심을 한 듯했다.

경선 두 달쯤 남았을 때 음식점에 사람을 더 두고 아내는 지인들을 찾아다니기 시작했다. 본성이 남에게 부탁을 잘 못 하는 사람이라 크게 도움이 될까 했지만 그것은 나의 기우였다.

음식점을 운영한 지 7년 만에 사람들을 대하는 말솜씨가 많이 늘었고 아내의 성정 역시 사람들의 호감을 살만큼 좋았기 때문에 많은 도움이 되었다.

그럼에도 불구하고 표에서는 승리한 경선이었지만 여론조사에서 나는 떨어지고 말았다. 그런 나를 아내는 어떤 말로도 비난하지 않았다. 20여 일 동안 집에만 있던 아내는 다시 씩씩하게 가게로 나갈 차비를 했다.

이대로 손 놓고 있을 수는 없지 않느냐면서 그동안 쓸 돈을 많이 벌어야겠다고 말했다.

"소도 비빌 언덕이 있어야 하듯 내가 장사를 계속 해서 당신에게 비빌 언덕을 마련해 주겠어요!"

세상에 이런 아내가 흔할까? 아내의 격려 덕분에 나는 다시 용기를 낼 수 있었던 것 같다.

아내는 다시 장사를 시작하면서 전보다 더 억척같이 일을 하고 밤이 늦어서야 파김치가 되어서 들어왔다. 문득 내 인생에 아내가 없었다면 난 어떻게 살았을까 하는 생각을 늘 한다.

사람은 원래 지금 크기의 두 배였는데 너무 크고 교만해서 신이 그 절반을 갈라 남녀가 생겨났다고 한다. 사람이 자신의 분신을 그토록 찾는 이유가 완전해지기 위해서라고 플라톤은 말했다.

나 역시 내 아내를 만난 후 그 이전보다는 더 완전해지고 충만해졌다고 확신한다.

제천을 지키는
등 굽은 소나무

2010년 7월 1일 시민들의 축복 속에 민선 5기 제천시장에 취임했다. 참담한 심정으로 내가 살아오면서 지금까지 닦아온 삶의 터전을 명퇴라는 이름으로 떠났던 곳을 5년 만에 컴백한 것이다.

공직을 떠나 야인野人으로 있으면서 나는 지역 경제의 회생을 염원하는 시민들의 목소리를 천둥소리처럼 크고 깊게 가슴에 새겼었다. 원래 한가운데 있을 때는 잘 듣지 못하던 소리도 테두리 밖에서는 오히려 잘 들리는 법이다.

한눈팔지 않고 제천 발전과 서민들의 생활이 나아지는 데만 신경 쓸 생각이었다. 무엇보다 공무원이었기에 너무도 잘 아는 공직사회의 뿌리 깊은 비효율과 관행, 허례허식을 걷어내는 일부터 시작하리라 다짐했다.

선거의 승리는 정말 무어라 말할 수 없는 가슴 벅찬 감동의 순간이었다. 삶이 내게 준 큰 선물이라 생각한다.

하지만 내가 생애 맞이한 최고의 정점에서 나는 지나간 나의 일생을 되돌아보고 다시 점검하는 시간을 오히려 가지려고 노력했다. '등 굽은 소나무 고향 선산을 지킨다'라는 말이 있다. 오래도록 고향을 이해하고 고향의 발전과 미래에 대해 고민을 하는 자가 고향을 위해 진정 일할 수 있다고 생각한다.

내가 경험자산으로 가지고 있는 행정 경력들을 오로지 시민들과 고향을 위해 활용하여 한 점 부끄럼 없는 삶을 살겠다고 내가 태어난 고향 의림지 노송 앞에서 마음속으로 다짐했다.

분명 공직을 선택하여 살아가는 사람들과는 조금은 다른 인생길이었던 것 같다.

가난한 집안 형편, 짧았지만 혹독하게 맛본 서울에서의 직장 생활, 불의를 참지 못하는 성격 탓에 있었던 폭행사고와 전보 조치, 공직에서의 악연, 경선실패, 만학도의 길 등.

이렇게 한 줄로 써보니 내 인생의 스토리가 생생히 그려지는 느낌이 난다. 하지만 분명한 것은 내 파란의 인생길에서 결코 나는 쉽게 좌절한 사람이 아니었다는 자부심을 내가 가졌다는 것이다.

내가 가진 한계를 인정하기보다는 조금이라도 벗어나기 위해 늘 노력했기에 이 자리까지 올 수 있었다고 확신한다. 성취와 보람은 그냥 주어지는 것이 절대 아니다.

지금도 어김없이 새벽 5시면 나는 눈이 떠진다.

'시민이 행복한 도시, 내가 앞으로 살아갈 도시, 내 후손들이

살아갈 행복한 도시는 어떤 도시일까?'

누구나 스스로 찾아와 살고 싶은 도시를 만들기 위해 비전과 시정철학을 어떻게 세울 것이며 그 목표를 위해 어떤 전략을 짤 것인지 늘 치열하게 고민하고 있다.

대한민국의 배꼽에 자리 잡은 제천. 하지만 대한민국 속의 제천으로 웅비하지 못하고 불과 한 세대 30년 전 태백권을 호령했던 과거의 옛 영화만을 그리워하는 제천을 변모시켜야 하는 절체절명의 과제가 내게 있는 한 나는 단 한순간도 긴장을 놓을 수가 없다.

지역의 미래를 새롭게 창조한다는 비장한 자세로 전 공직자와 배전의 노력을 기울일 것을 마음속으로 다짐했다. 책상머리 이론이 아니라 경험의 실재를 가지고 시정을 펼쳐나가리라 다짐했다. 필요하다면 전국을 불원천리不遠千里 한걸음에 달려가 각계전문가들의 자문도 받을 것이다.

소나무는 사계절 늘 푸르른 상록수다. 늘 푸르른 청년의 마음으로 오늘도 나는 제천을 지키고 있다.

의림지 솔향

최명현

송홧가루 날리는 봄날이면
도시락 싸들고 소풍가던 비포장 길
오리 배에 노랫가락 싣고
젓가락 장단에 물결도 흥겨워
철썩철썩 춤을 춘다.

반세기가 지난 지금
그 사람들 모습은 지나갔어도
물결은 그대로 출렁이는데
마음 빈 곳
그리움이 빠져나간 곳에
추억을 되새길 수 있는 무언가를 채워야만
할 것 같은 생각

노을이 지나간 자리
우륵 선생의 가야금소리가 들리는 듯
솔향 솔솔 풍기는 둑방길을 걸으며
후대에 남겨줄 귀중한 자산
의림지 늙은 소나무에게
절로 고개가 숙여진다.

02

업그레이드 '뉴새마을운동'

뉴새마을운동 선포1주년 기념식

변화, 도전, 창조
시대를 열다

'힐링시티' '슬로시티' '청풍명월의 본향' '한방휴양도시' 등 제천을 설명하는 수식어는 여러 가지가 있는데 여기에 하나가 더 추가되었다. 바로 '뉴새마을운동의 중심도시'이다.

이러한 제천의 이미지 변화에는 언제나 제천을 사랑하고 아끼는 마음으로 살아온 제천 토박이인 나의 욕심 탓이 컸다. 민선 5기 제천시장으로 2010년 나는 우리 제천을 이끌어나갈 강력한 시정 철학의 부재를 접하고는 암담함을 떨칠 수가 없었다.

하지만 '위기는 기회'라는 말이 있고, '역사는 순환된다'라는 말이 있다. 세계적인 경제 위기에 허덕이는 작금의 현실이 오히려 제2의 새마을운동이 필요한 때임을 반증한다고 생각했다.

젊었을 때 내 손으로 농촌과 지방경제를 부흥시켰던 새마을운동이라는 소중한 경험을 했던 나로서는 또다시 과거의 부흥 같은 영광스런 순간을 만끽하고 싶다는 소망을 늘 내밀하게 품고 있었다. 과거의 그때 분명 '하면 된다'라는 것을 직접 목도하고 경험했던 나로서는 제천

의 경제를 부흥시킬 묘책으로 새마을운동을 도입할 수밖에 없는 운명에 직면한 것이다.

하지만 과거의 영광에 매몰되어 이전과 똑같은 패러다임을 가진 새마을운동이라면 감흥을 불러일으키지 못할 것이라 생각했다. 변화, 도전, 창조의 핵심 철학을 가진 뉴새마을운동을 새로이 제창한 이유다.

뉴새마을운동의 요체를 잘 살펴보면 개성이 다양한 시민들의 새로운 발상들이 생산되어야 독창적 아이디어가 가능해 상호 이질적 관점을 활용한 창조성 높은 경제발전을 이룩할 수 있다는 '창조경제'의 핵심 정수들과 놀라울 정도로 닮아있다는 것을 알 수 있다.

뉴새마을운동은 창조경제의 구현을 위해서도 반드시 범국가적인 확대가 필요하다.

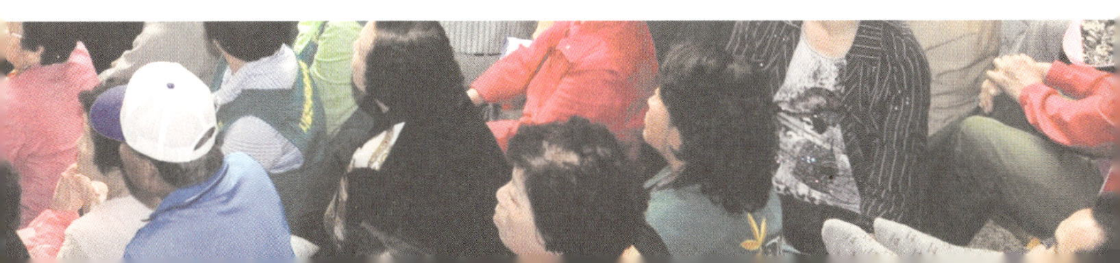

나의 좌우명,
선우후락 先憂後樂

'근심할 일은 남보다 먼저 근심하고

즐길 일은 남보다 나중에 즐긴다.'

높은 자리에 올라가는 것은 '권한'이 커지는 것이 아니라 '책임'이 커진다는 것이다. 더 많은 섬김을 받는 자리가 아니라 더 많이 섬겨야하는 자리인 것이다.

당장 하고 싶은 일만 하면서는 진정 원하는 일을 이룰 수는 없다. 당장의 쾌락을 뒤로 미룰 수 있는 결단이 있어야 한다. 그래서 나의 좌우명은 선우후락이다.

'왕관을 쓰려는 자 그 무게를 견뎌라!'라는 말도 있다. 이는 자신의 책무를 다했을 때 권한과 영예도 주어진다는 뜻이다.

시장 취임식

　나는 무엇이든 첫걸음이 마지막 귀결을 결정짓는다는 생각으로 움직인다. 시장 취임 초부터 가졌던 생각이다.

　시장선거에 이겼다는 성공의 기쁨에만 언제까지 도취돼 있을 수 없는 상황이었다. 왜냐하면 제천 역사 이래 가장 큰 산이 기다리고 있었기 때문이었다. '2010제천국제한방바이오엑스포' 개최였다.

　비단 엑스포뿐만 아니라 이래저래 처리해야 할 현안과제들이 산적해 있었다. 그래도 우선은 내가 마주친 '2010제천국제한방바이오엑스포'의 무사 성공에 최대한 집중하기로 했다.

　성공이냐 실패냐의 엇갈린 상상들이 몇 번이고 반복되곤 했다. 하지만 옛말에 '긍정은 긍정을 낳고 부정은 부정을 낳는다'라는 말이 있듯이 마음을 굳게 다지고 취임 다음날 간부회의를 열어 강력한 내 의지를 밝혔다.

한방엑스포가 실패하면 4년 임기가 불안하다는 생각에 내가 더 열심히 뛸 터이니 다 함께 총력을 기울이자고 간절히 호소했다. 이런 내 마음을 읽은 간부 공무원들도 열심히 하겠다는 결의에 찬 눈망울이 빛났다. 나는 자신감이 생겼다.

'하면 된다!'라는 생각으로 이튿날부터 새벽 5시에 일어나 엑스포 공사현장으로 달려가 관계자들을 격려하면서 기본부터 한 가지씩 챙기기 시작했다.

새벽을 부지런히 여는 사람만이 광명을 제일 먼저 만날 수 있다고 확신한다. 이때부터 내 닉네임은 '대한민국 중심 자연치유 도시 제천의 새벽을 여는 서민 시장'이었다.

공무원 시절부터 이골이 박힌 터라 새벽에 생활현장을 찾아 시민의 목소리를 듣지 않으면 하루 종일 불안해서 견딜 수가 없다. 다른 일을 해도 뭔가 미진한 느낌 때문에 심신이 더 고되곤 했다.

비단 새벽뿐만이 아니었다. 무슨 일이 있으면 밤낮을 가리지 않고 야전사령관처럼 뛰어다니는 바람에 수행원들을 적잖게 고생시켰다. 하지만 내 오랜 생각은 변하지 않았다. 시정은 현장에 답이 있는 법이다.

시민과 소통하는 열정적 리더나 길을 찾을 수 없으면 길을 만드는 리더가 되는 일이 얼마나 지난한지 잘 알고 있었다. 하지만 오히려 망설이다가 결국 하지 못하는 것보다 뭔가 몸으로 미리

2010제천국제한방바이오엑스포

움직여 나가면 결국 일은 하나씩 풀리게 되는 법이다.

혹시 한방 엑스포가 실패한다면 훗날 내 모습은 어떻게 되어 있을까 하는 상상을 하다가 '아니야, 분명 성공시키고 말거야!' 하며 나 자신에게 다짐을 수없이 하면서 하루하루를 바쁘게 보냈다.

드디어 운명의 순간인 2010년 9월 16일 '2010제천국제한방바이오엑스포' 행사를 개장했다. 첫날 18,072명이 들어왔다. 다음 날도 저조하긴 마찬가지였다. 초조해지기 시작했다. 고민에 빠져 많은 것을 생각했다. 게다가 근심을 얹어주는 일이 하나 더 발생했다.

추석 전날 폭우가 쏟아져 송학면 소재지 가옥 일부가 침수되는 등의 피해가 있었다. 걱정이 되어 추석날 평소보다 이른 새벽 4시에 일어나 엑스포장으로 달려갔다.

이미 직원들이 나와서 장비를 동원하여 떠내려간 흙을 실어다 부으며 정비작업을 하고 있었다. 그날이 추석 연휴이기 때문에 관람객이 많을 것으로 예상되어 손님맞이 준비에 철저를 기하도록 당부하고 산사태가 난 금성면 양화리를 둘러보고 가옥 침수지역으로 갔다.

추석명절을 보내러 온 가족들이 흙이 뒤범벅이 된 가재도구를 씻고 있고 한쪽에서는 차례 준비를 하고 있었다. 나 역시 집으로 돌아가 추석 차례를 올리기는 했지만 상황을 수습해야 한다는 강박관념에 성묘는 못갈 것 같아 동생들에게 부탁하고 또 엑스포 현장으로 나갔다.

'이게 어떻게 된 일이지?'

얼떨떨한 일이 일어나고 있었다. 아침 이른 시간인데 벌써 수많은 사람들이 몰려와 게이트 입구에 줄을 서고 있는 것이 아닌가. 구름같이 몰려드는 사람들을 보고 있으니 가슴이 두근두근 뛰기 시작했다.

추석날 53,599명을 비롯해 다음날 100,228명, 추석 연휴 3일간에 186,774명이 엑스포장을 찾았다. 이어 30만, 50만, 100만…… . 방문객들이 기하급수적으로 늘어나고 있었다.

결국은 엑스포 기간인 31일 만에 1,360,218명이라는 제천 역사상 최대의 인파가 다녀가면서 제천에서 처음으로 치른 국제행사는 대성공을 거두며 대단원의 막을 내렸다.

이는 시민 모두가 이룬 쾌거라고 생각한다. 특히 자원봉사자를 비롯한 공무원 등 모두가 내 일같이 생각하고 오직 한마음으로 몰입한 정신력과 행동의 결과라고 생각한다.

해냈다는 만족감. 이 열정이라면 무엇을 두려워하랴? 나는 다시 한 번 자신감을 갖게 되었다. 어떤 일이든 할 수 있다는 자신이 생겼다. 민선 5기 공약사업 추진에 있어 희망과 믿음을 갖고 오로지 성공경제 제천호의 순항을 위해 올인하기로 마음을 다잡았다.

하지만 한 고비를 넘기고 나면 또 다른 고비를 만나는 것이 인생의 방식인 듯싶다. 그토록 마음 조이며 한달음에 달려온 한방엑스포가 성공을 거두고 막을 내리자 긴장이 풀려 심신의 여유를 누리고 싶다는 마음이 생기려는 찰나 뜻하지 않게도 2010년 11월 28일 안동발 구제역이 터졌다.

제천과 안동이 불과 한 시간대에 있는 가까운 거리이기 때문에 아침에 출근하는 즉시 간부회의를 소집하여 신속한 대책을 세우고 비축분 생석회와 소독약을 축산농가에 배분하도록 하였다. 방역단을 구성하여 즉시 방역에 들어갔으며 고속도로IC와 국도 경계지역에 방역초소를 설치하는 등 발 빠른 대처를 했다.

그러나 발생 후 일주일이 지나자 경기도 파주를 비롯해 주변지역인 충주, 원주, 평창과 충북 전역으로 퍼졌다. 불안했다. 30년 만에 찾아온 맹추위와 싸워가며 축산농가와 공직자, 군인, 경찰 등 시민 모두가 철통방역에 힘쓰고 불편을 감수하면서 청정지역을 지키기 위해 사력을 다했다.

2011년 1월 15일 안타깝게도 송학면 도화리에서 결국 구제역이 발생하고 말았다. 그 허탈감이란 참으로 말할 수가 없었다. 처음으로 29마리의 한우를 살 처분하면서 가슴이 저렸다. 대책회의를 하면서 나도 모르게 눈물이 나왔다. 얼마나 허무하던지 양 어깨에 힘이 쭈욱 빠지는 것 같았다.

그 후에도 철통방역을 계속 했지만 금성면, 청풍면, 흑석동, 봉양읍 등 19농가에서 구제역을 비켜가지 못하고 아픔을 겪었다. 정부에서 발표한 백신접종이 시작되고 부터 구제역이 잠잠해지기 시작했다. 한시름 놓자마자 내 머릿속에는 또 다른 걱정거리가 똬리를 틀기 시작했다.

좌표를
설정하라!

구제역 때문에 시정에 큰 차질이 생긴 것은 아니었지만 약간의 강박관념이 생겼다. 당초 생각했던 공약사업들의 추진시기가 엄연히 있는데 약간씩 지연되다 보면 경제 활성화 자체를 망치게 되는 게 아닌가 하는 절박함이 나를 억누르기 시작했다.

1980년 시 승격 당시만 해도 도로, 상·하수도 등 도시기반시설은 물론 주택, 교육, 의료 등의 복지시설과 경제수준도 매우 낙후되어 도시라고 하기에는 매우 미흡한 여건을 갖추고 있었다.

이제 새로운 지역 성장산업인 '한방'과 조우하고 한방엑스포를 성공적으로 했다고는 하지만 뭔가를 더 확실하게 확정지어야 했다. 생각다 못해 구제역이 종료되기 이전이었지만 시정의 변화를 이끌어 내기 위하여 시정설명회를 갖기 시작했다.

나는 단체장에게 중요한 건 비전제시와 정책구상 능력이라고 생각한다. 사전에서 '기회Chance'라는 단어 바로 밑에 '변화Change'라는 단어가 나온다. 마치 기회가 먼저 주어져야 변화가 있을 수 있다는 것을 상징하는 것만 같다. 제천의 변화를 이끌어내기 위해 구체적이고 실체가 있는 희망의 정책 비전을 제시하는 것이 반드시 필요했다.

민선 5기 제천호의 선장으로 출항하면서 나는 비전을 제시하고 오랫동안 구상한 정책을 발표했다. 선거를 준비하면서 들은 간절하고 절실한 요구사항들은 경제를 살려달라는 것이었다. 먹고 사는 것만큼 실상 이 세상에 중요한 일은 없다. '성공경제도시 제천'의 지난하지만 웅대한 대장정을 위해서 나는 뚜렷하게 좌표를 설정하고 실행해 나가는 것이 필요했다.

첫째, 나는 우선 자치단체 예산이 지역경제에 미치는 영향력이 큰 점을 감안해, 앞으로는 제천시 예산을 치밀한 계획 하에 투입 대비 효과성을 철저히 분석하여 서민경제 살리기에 우선적으로 배분하기로 했다.

둘째, 고용 없는 성장이나 기업유치는 결국 기업주에게만 혜택이 돌아가기 때문에 지역주민이 손쉽게 취업할 수 있는 고용 창출형 기업을 유치하고 또한 기업이 더욱 발전할 수 있게 공조체계를 구축하기로 했다. 특히 이 부분은 시장인 내가 적극적으로 나서기로 했다.

셋째, 최소한 제천의 유동자금이 지역 내에서 선_善순환될 수 있도록 건강한 경제시스템을 구축하기로 했다.

이런 좌표를 향해 제대로 항해하기 위해서 시청 내 젊고 유능한 인재를 발굴해 지역발전 사령탑의 역할을 수행할 '미래창조기획단'을 가동시켰다. 경제 분야를 중심으로 지역 전 분야에 걸쳐 짧게는 1년 뒤, 길게는 1백 년 뒤의 밝은 미래 청사진을 그려나가기 시작했다.

'레밍' 이른바 '나그네 쥐'는 봄이나 가을 밤 먹이를 찾아 집단으로 이동하다 벼랑에 다다르면 바다로 뛰어드는 습성을 갖고 있다. 레밍의 선두가 떨어지면 뒤따라오는 레밍도 뛰어내려 죽음을 맞이한다. 잘못된 선두 하나 때문에 모두가 위기에 처할 수 있다.

리더란 본시 이처럼 자신의 역할을 다하지 못했을 때 자신은 물론 조직원의 운명까지도 뒤바꿀 수 있으니 무거운 책임감과 숭고한 희생정신을 갖고 있어야 한다.

이런 책임감을 가진 리더 아래 조직원들은 운집하고 뒤따를 수 있다. 공동운명체로서 합심을 한다면 그 조직은 이루지 못할 과업이란 없다.

세상에서 가장 어려운 일은 다른 사람들의 마음을 얻는 것이다. 그러나 마음을 얻는 것은 기술이 아니라 원칙으로 가능한 것이다. 도덕성과 올바른 성품, 비전 제시, 존중과 칭찬, 변화와 성과 창출. 리더는 자신이 아닌 조직의 이익을 최우선하고 섬김을 받기 전 먼저 섬기고 시키기 전에 행동을 하는 사람이다.

내가 생각하는 리더란 역량을 믿어주고 재량을 부여하고 아량을 베풀 줄 아는 사람이 리더다. 1년이 365일로 나뉘어져 있는 이유는 365번의 기회를 주기 위해서라고 한다.

내가 살아가는 동안 제천을 위해 무엇인가를 할 수 있는 것은 내 특권이자 의무라고 생각한다. 만족과 안주는 쇠퇴의 시작일 뿐이라는 생각으로 오늘도 동분서주하고 있다.

리더는 조직이 나아갈 좌표를 올바르게 설정할 줄 알아야 한다.

산업화 시기 성공을 위해 무조건인 추격만 하던 시대에는 빠르면 그만이었다. 하지만 리더가 추격자가 아닌 선도자로서의 역할을 수행해야 하는 요즘 같은 시대에는 빨리 가는 것보다는 어느 방향으로 갈 것인가를 결정하는 것이 매우 중요해졌다. 제대로 된 방향을 잡지 못한다면 그 집단은 성공이 아닌 몰락의 길에 들어서고 말 것이다. 마치 레밍처럼 말이다. 나는 제천시장이라는 내게 주어진 소명과 사명을 달성하기 위해 내가 죽는 날까지 꾸준히 노력할 것이다.

하지만 모든 것을 리더가 다 껴안고 갈 수는 없는 노릇이다. 그래서 중요한 것이 바로 선택과 집중이다. 이것이 리더십의 핵심이라고 생각한다. 창조적 대안 없이는 지역의 미래도 없다. 천년의 꿈을 위해 백 년이 갈 주춧돌을 놓는 심정으로 시정을 계획하고 바로바로 실천해나가기로 결심했다. 이런 마음으로 취임 초부터 설정한 좌표들은 2013년 민선 5기 4년차에도 흔들림 없이 지켜지고 있다.

첫째, 다 함께 잘사는 친 서민경제 활성화를 위해 2014년부터 2018년까지의 제천 경제발전 5개년 계획을 내실 있게 수립하고 추진해 '성공경제도시 제천'을 건설하고 있다.

산하 전 공직자가 인적 네트워크를 활용해 제2바이오밸리 100% 분양을 목표로 기업유치에 최선을 다하도록 공격적으로 임했다. 고용효과가 큰 우수 기업을 유치하는 일은 늘 시급하다. 기업이 입주하려면 제천시가 줄 뭔가의 메리트가 있어야 한다. 교통과 환경, 입지와 가격 여건 등에서 다른 지자체보다 비교우위에 있다는 점을 강조하면서 발품 행정을 펼치고 있다.

지역특성에 기반을 둔 다양한 서민일자리 창출과 취업 취약계층을 위한 공공 일자리 확대와 취업박람회 개최, 구인·구직을 위한 잡잡day를 더욱 활성화해 효율적인 고용촉진 정책을 펼치고 있다.

주민이 체감하는 복지실현과 사회취약 계층에 대한 주거 안정화를 위해 친 서민생활 고충 민원처리 기동대를 운영하여 서민의 가려운 곳을 보살펴 살기편한 도시를 만들어 나가고 있다.

둘째, 자연 치유도시 제천 건설을 위해 의림지 역사박물관 조성을 비롯한 청풍호 수상비행장, 청풍호 오토캠프장, 금수산 녹색관광마을, 반야월 선생 기념관 등 차질 없는 관광사업을 추진하고 있다.

특히 청풍호 그린케이블카 사업의 가시적인 추진과 KBS의 유명오락프로그램인 '1박2일'에 소개되어 전국적인 관광 명소가 된 청풍호 관광모노레일과 전국 최고의 명품 길로 조성된 청풍호 자드락길을 지역의 랜드마크화하는 데 주력하고 있다.

한방특화도시로서의 가속화를 위해 제천한방자연치유센터, 경찰청힐링리조트, 솔방죽 생태녹색길, 슬로시티 등 지역현안 사업을 자연치유도시 브랜드와 접목해 명실상부한 건강휴양도시를 만들어 나가고 있다.

셋째, 전통과 현대가 어우러지는 고품격 문화 창달을 위해 추진 중인 교육문화컨벤션센터 건립을 가속화하고 박달재휴양림에 공예인을 위한 마을을 조성해 전국적 지명도를 가진 유명 문화예술인과 공예인 유치에 힘쓰고 있다.

보다 다채로운 4계절 축제로 2018년 평창 동계올림픽 배후도시로서의 특수효과를 누릴 수 있도록 이를 관광 상품화 하고, '금요 힐링콘서트' '이벤트 기획공연' 등 다양한 문화공연과 우수공연 프로그램을 통해 시민들에게 문화수준 향상과 문화향유 기회를 제공하고 있다.

아시아 최초로 2013세계영상위원회 총회 개최를 계기로 지역을 소재로 한 영화와 드라마를 발굴하여 집중 지원하고 시민들의 자발적인 영상 제작 활동을 체계적으로 지원하여 영상문화도시로 만들어가고 있다.

넷째, 체계적인 복지시스템 구축과 능동적 복지증진을 위해 저소득층과 사회적 약자에 대한 복지 증진 강화를 위해 수요자 중심의 찾아가는 능동적 복지실현과 맞춤형 복지 서비스를 확대 제공해 친 서민생활 안정에 힘써 나갔다.

국민 기초생활수급자와 저소득층에 대한 복지 증진과 저소득층 자활사업을 통해 175명에게 일자리를 제공하고 장애인복지시설에 대한 지원을 확대하여 자립기반을 조성하는 한편 출산축하금과 장려금, 진료비 확대지원으로 아이 낳고 기르기 좋은 도시환경을 조성하여, 안전하고 행복한 '여성친화도시 건설'에 주력했다.

다섯째 지역특성에 맞는 농업 육성으로 농업경쟁력 강화를 위해 지역별 특화작물 3개 품목을 집중 지원하고 황기특산주 명품화를 위한 제조, 가공시설과 농산물종합가공사업장을 신축해 지역농산물의 명품화와 유통으로 농가소득증대를 꾀했다.

사료 값 인상에 따른 축산농가의 부담을 덜어 주기 위해 제2바이오밸리 내 미분양 부지 24ha에 조사료를 심고, 가축분뇨 재활용을 위한 퇴비사 신축과 가축분뇨 공동자원화 육성지원사업을 추진하며 적기 예방접종과 약품공급으로 가축질병의 사전 예방으로 축산물 품질 향상을 도모했다.

제천 농특산물공동브랜드 '하늘뜨레'를 다양한 채널을 통한 홍보로 지역의 청정 농·특산물 브랜드 가치를 높여나가고 있다.

여섯째 경쟁력 있는 교육도시를 위해 관내 초중고교에 70억 원의 교육경비 지원을 통한 학력 신장과 다목적체육관 건립, 체육 꿈나무육성에 힘쓰며, 110억 원의 자산규모를 갖춘 인재육성재단을 통하여 장학사업, 주말심화학습반 운영, 학력신장계약제 운영 등 지원을 확대해 지역 인재를 육성하고 있다.

관내 초·중·고는 물론 특수학교, 보육시설 학생들에게 친환경 농산물을 이용한 무상급식으로 학교급식의 질적 향상과 성장기 학생들의 건강증진을 도모했다.

일곱째 지역발전을 선도할 자연치유도시 기반 구축을 위하여 새 정부 정책기조에 부응 하면서 그동안 진행 중인 국책사업과 지역개발 사업들이 차질 없이 추진될 수 있도록 관련 부처와의 적극적인 공조를 통해 제천~쌍용 간 태백선 복선 전철화 사업은 계획보다 1년 앞당겨 준공하였고, 그 외 제천~원주 복선전철화 사업을 포함해 제천~충주 동서고속도로, 청풍대교~국민 연금리조트 국지도 확·포장, 도기~벌천, 황석~부산 지방도 확·포장, 제천~평창 국지도 확·포장사업 등 굵직굵직한 국가시행 및 도 단위 주요사업이 계획공정보다 앞당겨 준공될 수 있도록 국·도비 확보에 주력하고 있다.

또, 각급 도로 건설에 대한 지속적인 투자와 무도천과 원서천의 수해상습지 개선사업, 송학 입석과 수산 내리뜰의 재해위험지구 정비사업, 장평천 고향의 강 정비사업, 미당천의 생태하천 조성 등을 통하여 자연친화적인 생태환경 조성에도 힘쓰고 있으며, 상수도 미급수 지역 11개 지구에 대한 급수 구역을 확대하고 유수율을 최대한 높여 수돗물이 안정적으로 공급될 수 있도록 하는 한편 현장의 생생한 목소리를 듣기위해 읍면동 시정설명회를 개최하고 산간오지마을과 들녘 좌담회를 개최하는 등 주민과의 소통을 통해 건의사항과 불편 사항을 시정에 적극 반영했다.

　우리 제천인은 고난의 시대를 희망으로 이루어낸 자랑스러운 역사를 가슴에 품고 있다. 이미 어떠한 난관도 헤쳐 나갈 수 있는 무한한 잠재력이 우리의 심장 속에 요동치고 있다. 제천인만이 가지고 있는 신토불이와 우수성이 모아지면 그것이 새로운 문화 자산이 되고, 관광 상품이 되어 성공경제도시 제천은 반드시 실현될 거라고 믿는다.

　하지만 그것은 홀로 가면 절대 도달할 수 없는 목적지다.

　'긍정의 힘' '화합의 힘'으로 가지 않으면 잡을 수 없는 파랑새지만, '너'와 '내'가 아닌 '우리'라는 긍정의 바이러스를 퍼트려 다 함께 행복하게 동행한다면 바로 내가 잡은 따뜻한 손길처럼 쉽게 가질 수 있을 것이다.

새마을운동과의
두 번째 만남
- '제천형 뉴새마을운동'

나는 경제 살리기를 시민운동으로 전개하기 위해 방법을 모색하기 시작했다. 그러자면 어떤 새로운 시정 철학이 필요하다는 것을 느꼈다. 행정을 다루는 이론들은 수없이 많다. 하지만 제천이 처한 지금의 현실과 딱 맞아떨어지고 무엇보다도 시장인 내가 쉽게 접근하고 이해 가능한 경험철학이 필요했다.

오랜 시간 고민하다가 마침내 떠오른 것이 '새마을운동'이었다.

공무원 초년병 시절 만났던 새마을운동을 떠올리자 내 가슴이 뜨거워졌다. 새마을운동은 '할 수 있다'라는 자신감과 '하면 된다'라는 신념을 고취시킨 의식 선진화 운동이었다. 대한민국을 이만큼 성장 발전시킨 원동력에는 이 새마을운동이 존재했다.

새마을운동은 무지와 빈곤의 눈물을 머금고 황무지에서 장미꽃을 피웠다. 초가집을 없애고 마천루 빌딩도시를 건설하였고,

한강의 기적을 이룬 선망의 나라가 된 것은 모두 새마을운동 덕분이었다.

지구상에 많은 나라들이 있지만 대외원조를 받는 나라에서, 주는 나라로 탈바꿈한 나라는 유일하게 대한민국뿐이다. 최근 새마을운동이 한국형 대외공적개발원조 모델이 되어, 20여 개 국가로 확산되는 등 세계화까지 속도를 내고 있다.

제천의 경제성장을 위해서 어쩌면 가장 필요한 것이 새마을운동과 같은 국민정신운동이 아닐까 생각한 것은 우연이 아닌 것이다. 하지만 하드웨어적인 건설과 발전에 치중했던 70년대의 새마을운동을 지금 똑같이 부활시킨다는 것은 어딘가 맞지 않았다. 복고주의적인 발상이라는 비판에 직면할 위험성도 있었다.

무엇보다도 성장일변도였던 시대와는 질적으로나 양적으로 다른 성장을 하고 있는 현대사회는 물질적 행복보다는 정신적이고 가치지향적인 것들이 소중해졌다. 다시 말해 성장일변도 사회에서 파생된 이기주의, 개인주의, 배타주의적인 정신문화를 타파할 새롭게 무장된 것들이 필요한 시점이 되었다.

물질적 부만큼 중요한 내면의 풍요를 추구하는 지금의 뉴새마을운동은 오늘만이 아닌 미래를, 일회성이 아닌 지속가능한 발전을, 지역·계층·세대·인종·종교 간의 갈등이 아닌 상생과 총체적 조화를 추구하는 운동이다.

예전 새마을운동이 관 주도의 운동이었다면 뉴새마을운동은 고루한 틀에서 벗어나 주민 모두가 동참하는 국민의 운동이다.

나는 기존 새마을운동에서 업그레이드된 이 정신문화운동을 바로 '뉴새마을NSM:New Sae Maul'이라 명명했다. 공정한 사회와 행복한 공동체를 만드는 새로운 국민정신운동으로 자리 잡기 위해서 다양한 행보를 시작했다.

디지털 시대에 걸맞은 국민정신운동이 되기 위한 4대 전략을 세웠다. '시민품격 높이기' '살맛나는 공동체 조성' '지역가치 높이기' '저탄소 녹색성장' 등 4대 전략에 맞춘 세부과제를 세워 하나 하나 이행해 나가기로 했다.

하지만 이 모든 것들은 시민의 이해와 지지를 받지 않으면 안 되었다. 뉴새마을운동에 접목시켜야겠다고 생각하고 읍면동을 순회하면서 시민들에게 호소했다.

근면·자조·협동 정신이 기존 새마을운동의 핵심 정신이라면 지금은 3C의 가치를 더했다. 바로 변화change, 도전challenge, 창조create의 가치가 뉴새마을운동의 핵심 정신이다.

먼저 시민들에게 뉴새마을운동은 정신문화운동이자 우리 모두가 잘사는 희망공동체 운동임을 주지시켰다. 이미 한 번 새마을운동의 요체와 그 가능성을 접해 보았던 기성세대들은 어느 정도 수긍을 하지만 젊은 세대에게 뉴새마을운동을 이해시키는 것이 오히려 관건이었다.

기성세대가 행하는 것들을 고루하게만 보려고 하고 온갖 IT 기술이나 현대 이론들로 무장한 젊은 세대들에게 어떻게 다가갈까 고민했다.

사실 요즘 젊은 세대들은 오히려 경제 위기 속 취업난과 불투명한 미래로 인해 정치나 행정에 대해 냉소적인 태도를 취하는 경향이 있지만 그런 젊은이에게 해 주고 싶은 말이 있다.

'삶이란 우리 인생 앞에 어떤 일이 생기느냐에 따라 결정되는 것이 아니라 우리가 어떤 태도를 취하느냐에 따라 결정되는 것이다.'

맨주먹밖에 없던 시절에도 할 수 있다는 정신만 있으면 능히 고난과 장애물을 극복할 수 있었다. 구한 말 을미의병을 일으킨 기개를 가진 제천시민이라면 뉴새마을운동을 능히 일으킬 수 있는 것이라 생각한다.

'정신'이 살아 있어야 '경제'도 살고 '도시'도 살 수 있다. 경제 살리기의 원동력인 뉴새마을운동은 아주 작은 기초질서 지키기부터 시작하여 모든 시민이 함께하는 쾌적한 녹색 도시를 조성하고, 부정적 시민의식을 새롭게 하여 지역사회의 품격을 높이며, 사회적 약자에 대한 나눔과 배려 등 살맛나는 공동체를 만들어 지역의 브랜드 가치를 창출하는 일련의 총체적 활동이다. 누구나 쉽게 실천 가능한 시민운동이어야 했다.

저탄소 녹색성장의 그린 코리아, 선진 시민문화 조성의 스마트 코리아, 나눔과 배려의 해피 코리아를 만들어 다함께 잘사는 지구촌을 만들어가는 새로운 패러다임의 정신문화 운동임을 강조했다. 그리고 2012년 3월 6일과 7일 새마을 중앙연수원에서 개최한 전국 시군구 새마을회장단 교육에서 뉴새마을운동의 당위성을 강의했다. 그러자 제천은 전국에서 벤치마킹이 쇄도하는 지역이 되었다. 경상북도 청도군 청도읍 신도2리가 새마을운동의 발상지라면 뉴새마을운동은 제천시가 발상지다.

특히 최근 UN에서도 가난한 나라를 돕는 방안으로 새마을운동을 적극 권장하고 있다고 한다. 오바마 미국 대통령께서도 아버지의 고향인 케냐를 방문하여 빈곤에서 탈출하려면 한국의 새마을운동을 표본으로 삼아야 한다고 했다.

글로벌 시대에 맞춰 '새마을운동의 세계화'를 위하여 베트남·캄보디아 등 개발도상국들에게 뉴새마을운동의 실천모형과 실천방법론을 적극 전파하고 있다.

뉴새마을운동 시민한마음 걷기대회

뉴새마을운동이란 무엇인가?

일출을 보려면 어둠이 가시기 전에 일어나야 하듯이, 변화하지 않고 도전하지 않으면 우리의 미래는 없다. 뉴새마을운동이 지역사회에 뿌리내리기 위해선 공직자만으로는 불가능했다.

하드웨어와 소프트웨어 모두 바꾸기 위해서는 시민 모두의 공감대를 모을 수 있어야 하고, 관심 있는 참여가 있을 때 성공적으로 수행할 수 있었다.

뉴새마을운동은 기초질서 지키기부터 시작하여 쾌적한 녹색도시 조성은 물론 부정적 시민의식을 새롭게 하고, 사회적 약자를 배려하는 등 지역사회의 품격을 높여 살맛나는 공동체를 만들어가는 시민의식 선진화 운동이다. 하지만 뉴새마을운동의 이 4대 전략에 대한 구체적인 추진과제를 설정해야만 공무원, 사회단체, 기업체, 시민들이 보다 더 쉽게 추진할 수 있다는 생각을 했다.

이·통장을 모시고 설명회를 개최하고, 새마을지도자 대회를 열었다. 걷기대회 행사 등을 통해 시민들과 만나 뉴새마을운동의 필요성을 적극적으로 설파했다.

'서로를 칭찬하고 배려하는 시민행복지수 높이기' '기초질서가 확립된 깨끗한 도시환경 만들기' '나눔과 봉사문화 확산으로 따뜻한 정이 넘치는 지역문화 만들기' '제천의 역사·문화·자연환경을 자랑하는 제천시민 자긍심 높이기'를 성공적으로 추진하기 위해서는 먼저 뉴새마을운동에 대한 확실한 개념과 당위성을 심어줄 필요가 있었다.

2011년 5월 7일에 6천 5백여 명이 참여하여 뉴새마을운동 범시민 다짐대회를 개최하여 시민 공감대를 확산시키고 그 시작을 전국에 알렸으며, 그 분위기는 더욱 가열되어 같은 해 5월 29일 1만 3천여 명이 참여한 성공경제도시 가속화를 위한 '뉴새마을운동 시민한마음 걷기대회'를 통해, 우리 제천이 뉴새마을운동의 발상지가 되는 새로운 역사를 만들었다.

2012년 5월 7일은 제1주년 뉴새마을운동 다짐대회를 열었다.

7월에는 10개 시민단체 3만 5천여 명이 참여하는 뉴새마을운동 범시민 민간추진협의회를 구성하여 실행 주도그룹을 확보하였다. 추진협의회에서는 월별 실천 과제를 선정하고 7월엔 시민사회단체원을 대상으로 의식선진화 교육을 실시해 뉴새마을운동의 필요성과 시민사회단체원의 역할을 재조명시켰다.

8월엔 시민사회단체 1천여 명이 참여하여 교통질서 및 기초질

새마을 사랑의 김장 봉사 큰마당 행사

서 지키기 범시민 캠페인을 전개했고, 9월엔 추석맞이 범시민대청소를 실시하여 도로, 철도변, 하천변, 유원지, 등산로 등 생활주변을 쾌적하고 청결하게 가꿔 지역이미지를 쇄신시켰다.

10월엔 전국바르게살기 회원 3천 5백여 명이 참석해 뉴새마을운동 한마음 자드락길 걷기대회를 개최했으며 지역 최대 행사인 2011 제천한방바이오박람회에 5개 단체 160명이 행사 진행요원 등 자원봉사자로 참여하였고, 11월엔 저탄소 녹색생활 실천을 추진과제로 정해 탄소포인트제 가입하기, 폐 휴대폰 모으기, 자전거 타기 및 걷기 운동을 적극 전개했다.

11월 4일 추진협의회 8백여 명이 불우이웃의 따뜻한 겨울나기를 위한 사랑의 김장봉사 큰 마당 행사를 통해 배추 1만 포기로 김장 1,600박스를 만들어 다문화가정, 독거노인, 사할린영구이

주동포, 제천영육아원 등에 전달했다.

2013년 5월 6일에는 7천여 명이 참석해 2주년 기념식을 개최했다. 그 외에도 뉴새마을운동 선포 기념행사와 뉴새마을운동 추진계획 설명회, 새마을의 날(4월 22일) 제정기념비 제작을 위한 시민 모금운동을 전개하여 기념비 제막식 등을 열었다. 특히 도농복합도시인 제천에서 농촌 지도자를 통해 농업의 안정적 발전을 위한 뉴새마을운동 전파의 중요성은 매우 크다 할 수 있다.

농촌지도자대회에서 국민의 먹을거리 생산뿐만 아니라 국민의 생명과 환경을 지키고 전통문화를 보전하며, 아름다운 국토를 가꾸는 공익적 역할을 담당하는 농촌의 중요성을 강조하면서 개방화의 거센 파고로 인해 외국 농산물과 경쟁해야 하는 어려운 현실 속에서 뉴새마을운동만이 해답이 될 것이라는 것을 강조하며, 모두가 뉴새마을운동의 개척자와 실천자가 되어 지금보다 더 새로운 제천, 지금보다 더 잘사는 제천, 지금보다 더 행복한 제천을 함께 만들어 나가는 데 동참할 것을 호소했다.

뉴새마을운동을 시작한 우리 시에 국민들과 나라의 관심도 뜨겁게 쏟아지면서 국민정신운동으로의 확산 노력도 다양하게 전개되었다. 정부에서도 새마을운동을 지속적으로 추진하고, 국민들의 관심을 높이기 위해 2011년 3월 8일에 매년 4월 22일을 새마을의 날로 공포했다. 범국민적인 운동으로 변하는 단초가 마련된 것이다.

'뉴새마을운동'이라는 어휘를 2013년 1월 7일 국립국어원장으

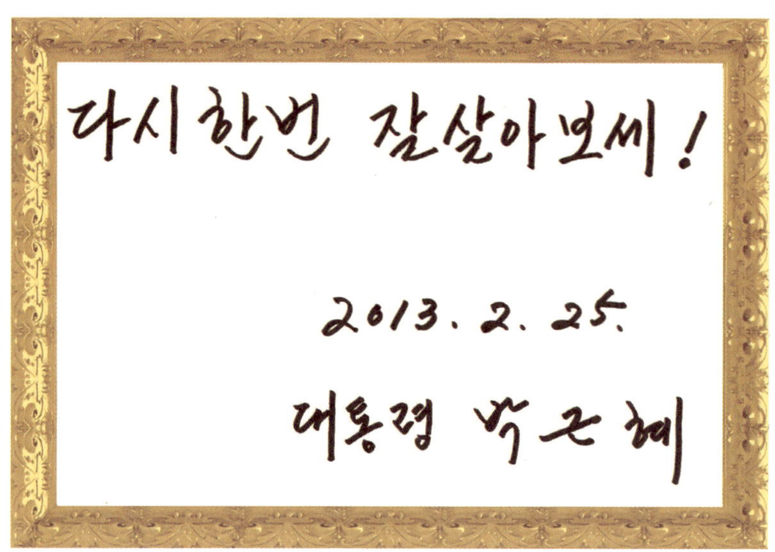

박근혜 대통령 친필 휘호

로부터 개방형 한국어 지식대사전에 등재결정 통지를 받기도 했다. 2013년 1월 21일 당시 대통령직 인수위원장에게 뉴새마을운동을 국민정신운동으로 채택해 줄 것을 건의하기도 했고, 직접 인수위원회 법질서 안전분과위원장을 방문하여 강력하게 호소하기도 했다. 그러한 노력들을 인정 받아 대통령 취임식 때 '다시 한번 잘 살아 보세!'라고 쓰신 친필휘호도 전수 받을 수 있었다.

뉴새마을운동 실천사례를 전파하는 노력도 게을리하지 않았다.

제천에서 태동된 뉴새마을운동의 성공적인 모델을 전국 새마을 회장단이 모인 새마을운동 중앙연수원에서 설명하기도 했고, 옥천군 등 10개 전국단위 자치단체 지도자에게 전수하기도 했다.

새마을의 날 법정기념일 지정을 이끈 제천시가 뉴새마을운동으로 점점 변화하기 시작했다. 급속한 경제성장으로 인한 쓰레기 문제, 교통문제, 개인주의 팽배, 법질서 무시, 도덕의식 결여 등 부정적 시민의식을 변화시켜 품격 높은 살기 좋은 도시로 변하기 시작한 것이다.

이런 뉴새마을운동 추진 성과에 대한 대외적인 인정이 이어졌다. 2010 전국 우수자원봉사센터 대상, 2011 대한민국 자원봉사 국무총리상, 2011년부터 3년 연속 충청북도 새마을지회평가와 새마을지도자 협의회 평가에서 최우수상 수상, 2012 전국 새마을지회 평가 대통령상, 2012 전국 새마을교육부문 최우수상, 2013년 새마을 교통 봉사대 국무총리상 등을 수상했고, 제천시 새마을지회장인 조동현 씨는 대통령상을 받기도 했다.

시민품격 높이기

4대 전략과제 중 첫 번째 과제인 시민 품격 높이기를 하나하나 실천해 나감으로써 뉴새마을운동을 정착시켜 제천시를 살맛 나는 도시, 시민이 행복한 도시로 만들어 나갔다.

먼저 선진 질서문화 확립에 제천시가 팔을 걷어붙이고 나섰다. 교통법규 준수를 위한 착한운전 마일리지제 시행에 따라 대시민 홍보를 벌였고, 행락철 맞이 기초질서 지키기 캠페인도 펼쳐나갔다. 치안고객 만족도 향상을 위한 주민과의 대토론회도 열었다.

어려서부터 기초질서 지키기를 생활화함으로써 선진 문화시민으로 성장할 수 있도록 초등학교를 대상으로 기초질서 지키기 시범학교를 운영하기도 했다.

기초질서 지키기 시범학교 운영은 도로교통공단 홈페이지 사이버교통학교 교육시스템을 이용해 교실에서 교육용 모니터를 이용한 동영상 교육방식으로 진행되었다.

읍면동을 대상으로 공모사업을 통한 '10개 뉴새마을운동 시범마을 가꾸기 사업'을 추진하고, '뉴새마을운동 유공시민' 표창을 통해 뉴새마을운동 지도자들의 자긍심을 드높였다.

살맛나는 공동체 만들기

우리 주변에 도움이 필요한 곳을 찾아 지원하고 봉사하는 겸손한 실천이 선진 일류국가로 가는 밑거름이 되어줄 것이다. 소외받는 곳이 없게 복지가 고루 혜택되고 일할 맛이 나는 제천 공동체 사회를 만들기 위한 노력도 이어졌다.

노인 일자리 사업은 어르신들의 사회참여 활동을 지원하기 위하여 2004년도에 시작해 올해로 10년째를 맞이하고 있다. 매년 점진적으로 일자리가 늘어나 8백여 개의 일자리를 확보하여 어르신들에게 일을 통한 보람과 소득 지원에 한몫을 하고 있다.

중앙정부와 지자체에서 더 많은 일자리가 확보되도록 노력하는 동시에 한시적인 일자리가 아니라 진정한 사회참여가 보장되는 시장형 일자리가 많이 창출되도록 노력하고 있다.

살맛 나는 공동체를 만드는 데 지역 기업들 역시 발 벗고 나서 뉴새마을운동에 적극 동참할 것을 약속하는 MOU를 체결하기도 했다. 제천지역에 사업장을 둔 대림비앤코, 삼표이엔씨, 아세아시멘트, 일진글로벌 등의 기업들과 MOU를 체결했는데 기업들은 하나같이 적극적인 실천을 약속했다.

업체들은 '청풍호 자드락길 체험을 통한 지역 가치 발견' '기초질서 지키기 캠페인' '피서지 정화활동 추진' '나라사랑 태극기 보급운동 전개' '추석맞이 대청소 및 한방바이오박람회 체험' '이웃과 함께하는 지역사회 만들기' '희망 2013나눔 캠페인' 등 뉴새마을운동에 적극 참여했다.

또 생산 활동에 지장이 없는 범위에서 기업 추진 과제, 종업원 추진 과제를 별도로 발굴해 실천하고, 참여 기업 간 모범 추진 사례를 공유하는 등 '뉴새마을운동'의 개선안을 제시하기도 했다. 자발적인 기업 참여를 통해 기업의 사회적 책임 실천, 기업 브랜드 제고의 계기로 삼을 수 있었다.

제천시 공무원들의 자원봉사 활동으로 민심을 따뜻하게 녹이기도 했다. 2006년부터 계속해온 공무원 자원봉사활동은 여러 분야에서 다양하게 펼쳐졌다. 연탄을 비롯해 쌀과 라면 등 생필품 전달과 함께 집안대청소, 복지시설 방문, 공원 또는 등산로 등에서 자연정화활동을 활발히 전개하여 나눔과 사랑의 봉사정신을 실천함으로써 더불어 사는 지역공동체 실현에 크게 기여했다.

정감이 넘치는 따뜻한 지역공동체 조성에 공무원들이 나섬으로써 시정 행보에 더욱 큰 시민의 신뢰를 얻을 수 있었다. 자원봉사활동 우수부서에 대한 포상을 강화함으로써 지역 봉사에 대한 인식을 새롭게 하고 자발적인 참여도 계속 유도하고 있다.

다문화 가족, 노인 및 장애인, 기초수급대상자와 결식 아동들에게 다양한 지원과 봉사활동을 펼쳐 약자가 행복한 제천 만들기에 앞장서고 있다.

지역가치 제고

요즘 같은 '브랜드' 시대에 걸맞게 지역가치를 드높일 수 있는 여러 가지 시정활동을 전개하기도 했다. 관광객 1천만 명을 돌파한 관광 분야에서는 KBS 예능프로그램 1박2일 방영, 자드락길 7개 구간 58㎞ 조성, 모노레일 3㎞(왕복) 12대 운행, 4계절 문화축제를 성공적으로 개최했다.

'2012년 한국의 아름다운 도시 선정', 도시 브랜드 '자연치유도시'와 농특산물 공동 브랜드 '하늘뜨레' 선포 역시 제천의 가치를 드높인 일 중 하나였다.

국제슬로시티연맹으로부터 '슬로시티 국제 인증'과 '여성친화도시 선정'도 괄목할 만한 성과였다. '슬로시티 인증'의 파급 효과로 제천의 도시 브랜드는 급상승하고 있다.

경찰청 힐링리조트 유치와 한방자연치유센터 준공, 전통시장 러브투어 방문객 증가도 지역의 높은 가치를 대변하는 일이기도 하다.

'제천의병 후예 독도수호 혼불 성화식'과 '아시아 최초 2013 세계영상위원회 개최' 등 역사적이고 글로벌적인 행사 개최와 유치 역시 도시 브랜드 가치를 드높였고, '제2회 대한민국 평생학습박람회'를 통해 약 37만여 명의 관람객이 방문해 대외적으로 제천을 홍보하고 지역경제 활성화에도 큰 기여를 했다.

앞으로 브랜드 가치를 높이기 위해 신경을 써야 하는 것들도 많다. 청풍호 브랜드 가치를 찾기 위해 청풍호 자드락길과 청풍호 관광모노레일, 청풍 문화재단지 등 주변 명소를 연계한 문화콘텐츠 개발방안을 꾸준히 모색해 나가고 있다.

저탄소 녹색성장

'그린' 프리미엄이 도시의 경쟁력을 좌우하는 시대다.

환경 하나가 도시의 특장점이자 최고의 브랜드가 되는 때 청정자연 유산을 무수히 갖고 있는 제천이야말로 강력한 경쟁력을 가진 도시라 말할 수 있다.

이런 경쟁력을 지속시키고 제반 산업으로 파생시키기 위해서는 이를 지켜나가는 노력 역시 필요하다. 제천은 환경·에너지 위기에 대응하기 위해 녹색기술과 녹색산업에 적극적으로 투자하고, 녹색생활을 위한 다양한 시책을 추진해 나가고 있다.

우리 시는 '차 없는 녹색 출근의 날'을 정하여 출근 시 대중교통 이용하기, 걷거나 자전거 이용하기 등을 장려하는 캠페인을 벌였다. 탄소포인트제에 가입, 전기, 상수도, 가스사용 등을 전년도에 비해 절감하는 세대에 대해 절감량에 따라 탄소 포인트를 지급하고 연말에 이에 상응하는 인센티브를 제공하기도 했다.

또한 그린스타트 운동 활성화를 추진하여 석면피해구제대책의 일환인 슬레이트지붕 철거사업 지원, 음식물 쓰레기 20% 및 각종 쓰레기 줄이기 운동 전개, 자원관리센터 신재생에너지 사업인 바이오가스발전, 폐열회수 사업 등을 추진하여 시민이 쾌적하고 편리한 환경 속에서 살아갈 수 있도록 하기 위해 노력하고 있으며, 하소천의 자연형 하천 조성, 장평천의 생태하천 조성, 수해상습 하천에 대한 정비를 통해 자연과 인간이 공존하는 하천을 만들어 나가고 있다. 이런 노력의 결과 수달이 발견이 되기도 했고, 어류 보호종인 꾸구리까지 발견되기도 했다.

도시의 기반시설은 사람으로 치자면 혈관과 같은 것이다. 성공적인 경제도시의 가장 필요한 첫 번째라 생각하지만 그러나 마구잡이 개발이 아닌 깨끗한 환경, 저탄소 녹색성장기반으로 조성해야 한다.

쾌적한 주거환경과 녹지공원을 확보하기 위해 공동주택관리 지원사업과 주거환경개선사업을 확대하고 있을 뿐만 아니라 도심 내 도시공원 43개소도 조성해 시민들의 쉼터를 제공하는 시책을 펼쳐왔다.

특히 한강수계 하천쓰레기 수거사업과 하천 살리기 운동을 추진하여 292톤의 하천쓰레기를 제거하는 등 깨끗하고 아름다운 하천을 만들기 위해 적극적으로 노력했다.

아울러 편리하고 안전한 그린교통체계 구축을 위해 벽지노선 손실보상, 시내버스 승강장의 쾌적한 관리, 안전한 운행확보를 위한 차선도색, 교통안전 표지판 정비, 어린이보호구역 교통안심도우미 운영 등의 노력을 하고 있다

민관협치에 의한 온실 가스 감축 극대화를 위해 저탄소 녹색성장기본법에 근거하는 그린스타트 운동을 선도하고 저탄소 녹색생활의 홍보 및 핵심적 역할을 수행할 21세기형 녹색활동가인 그린리더를 적극 양성하기도 했다.

제천 지역 아파트 단지가 CO_2 줄이기 초록시범마을 협약식을 맺어 에너지 절약을 통한 이산화탄소CO_2 줄이기에 나서기도 했다. 초록시범마을 아파트단지 입주자를 대상으로 한 에너지 절약 교육 프로그램을 운영하는 한편 대기전력 측정 장비 등을 제공했다.

가을철 낙엽을 활용한 퇴비 사업을 벌였다. 명품 퇴비 생산을 위해 발효 EM을 첨가한 친환경 퇴비를 생산하는 것이다. 낙엽 수거자에 대해서는 산불감시원 기능을 부여해 산불발생 요인 사전 차단과 함께 저소득층 일자리제공 등의 효과까지 거두었다.

백운면과 송학면에 녹색 농촌체험 마을을 조성했다. 백운면 화당 1리와 송학면 송한 1리 등 2개 마을에 농촌체험관과 함께 숙

박시설, 부대시설 등을 신축하여 도시민들을 위한 체류형 농촌 체험 관광지를 만들었다.

음식물쓰레기 처리 과정에서 발생하는 바이오가스를 이용해 전력 생산에 나서고 있다. 지상 2층 규모의 바이오가스 발전 시설을 설치하여 1일 52t의 음식물쓰레기를 처리해 연간 160㎿의 전력을 생산, 1억 7천여만 원의 전기료를 절감하고 있다. 이로써 기존 음식물 건조 처리과정에서 발생하던 악취도 제거되고 연간 수십만t에 달하는 이산화탄소와 하수슬러지를 줄이는 효과도 거두고 있다.

하수관거정비 BTL사업과 농촌지역 하수관거 정비, 장평천 등 생태하천 복원사업, 제천 주요 하천 녹조방지를 위한 총인처리시설을 설치했다.

제천은 '신재생에너지 메카'가 될 것이다. 제천시환경사업소가 2013년, 업그레이드된 에너지자립화를 위해 기존 350KW의 태양광발전설비에 200KW의 추가사업으로 모두 550KW의 태양광발전설비와 열병합발전 가스저장탱크를 증설했다. 또한 전국에서는 처음으로 사업소 내에 '수직형 영구 자석 풍력 발전기'를 설치해 자체 전력을 생산하는 등 다른 지자체에 앞선 신재생에너지 보급을 통한 청정도시의 위상을 높여가고 있다.

올바른 쓰레기 배출문화 정착에도 앞장섰다. 가정과 농촌에서 발생되는 생활쓰레기에 대한 분리배출을 강화해 자원절약과 쓰레기 처리비용을 현저히 줄여나가고 있다.

외부 스킨십을 강화하라!

공유의 시대에서 살아남는 법은 외부 스킨십을 강화하는 길밖에 없다.

21세기는 소유의 시대가 아니라 공유의 시대다. 내가 아무리 똑똑하고 잘나도 다른 사람과 공유하지 않으면 살 수 없다. 공유의 시대에 중요한 것은 사랑과 협동심이다.

남을 사랑하지 않는 사람은 공유하는 세상에서 살아갈 수 없다. 남을 사랑하는 것은 곧 나를 사랑하는 길이다. 사랑의 바탕은 신뢰에 있다.

21세기에는 국가 간의 경쟁과 협력보다 지방 간의 경쟁과 협력이 활발하게 이루어져 국가가 아닌 지방이 국제사회의 기본 단위가 되고 있다. 지방 간의 연대와 협력이 그 어느 때보다 더 중요해지는 순간이 되었다.

여기에 지식정보화, 자동화로 대변되는 사회 구조의 변화는 그에 걸맞은 변화를 단체장들에게 요구하고 있다. 지식산업의 비중과 중요성이 높아지고 창의와 자율이 지역 발전의 키워드가 되면서 창의, 자율, 지방분권을 중심으로 한 단체장의 리더십이 요구되고 있다. 이제 지자체장도 창업가 정신으로 무장한 리더십의 소유자가 되어야 하는 시대다.

하지만 아무리 지방이 세상의 중심이 되는 시대라 해도 지자체와 중앙정부와의 관계를 도외시할 수는 없다. 지자체와 중앙정부와의 협력은 매우 중요하다. 나는 지방자치가 제대로 작동되면 될수록 중앙정부와의 협력이 더욱 필요하리라 본다. 국가의 균형적인 발전 측면에서만 생각해봐도 쉽게 수긍이 갈 것이다.

물론 뛰어난 시정 능력을 발휘하는 지자체도 있겠지만 혼자서 독보적이고 독점적으로 앞서 나가는 것은 통합적인 국가 발전에 오히려 저해가 될 수 있다.

국가와 소통하는 지방이 성공한다. 이 말은 역으로 따지면 지방의 발전이 곧 국가의 발전이라는 소리와 일맥상통한다.

그렇다고 무턱대고 중앙의 지시에만 충실하면 지방자치가 아니다. 이제 지방은 중앙에 종속되어 있는 부속품이 아니다. 중앙이 지방을 간섭하고 지방이 중앙을 모방하고 중앙에 의지하려는 시대는 지났다. 지방은 중앙과의 관계에서 차별화만이 바로 그 지역의 경쟁력이 되는 것이다. 지방이 관계의 중심축을 선도할 수도 있는 것이다.

그럼에도 열악한 지방재정으로 충당하기 힘든 SOC사업 등을 추진하기 위해서는 중앙정부의 예산확보에 사활을 걸 수밖에 없는 실정이기는 하다.

능동적이고 선제적으로 중앙정부와의 스킨십을 늘려가야 예산확보가 원활해지는 등 지역발전의 성장 동력을 구축할 수 있다.

이런 이유로 2003년에 국회와 중앙부처와의 교두보인 서울사무소를 열어 유능한 제천시 공무원을 상주시켰다. 그 후 각종 투자 유치와 수도권에서 공부하고 있는 지역인재들의 요람인 '제천학사' 관리, 정부세종청사 관리 등 그 역할과 비중이 점점 늘어나면서 이 서울사무소를 2012년에 대외협력처로 승격시켰다.

중앙부처의 실무진이 사무관인 것을 고려하여 6급이 맡던 소장을 5급 사무관으로 승격시켰다. 아직도 대다수 시군에서는 6급이 맡고 있다.

상주인력을 보강하는 한편 중앙부처의 세종시 이전에 발맞춰 세종시에도 협력관을 파견하여 상주토록 했다. 이로써 중앙부처와의 유대를 한층 더 강화하고 투자유치에 박차를 가할 수 있었다.

현재 제천의 대외협력처는 타 지자체에서 벤치마킹 대상으로 삼을 정도로 독보적인 성과를 보이고 있다.

제천시는 매주 수요일을 '중앙부처 방문의 날'로 정하여 시장을 비롯한 실국장 부서장, 관련부서의 직원들조차 매주 중앙부처를 방문해 중앙부처는 물론 지역구 국회의원과 제천 출신 국회의원 등 정부 고위직 인사들을 수시로 방문하여 사업설명을 하는 등 동분서주하고 있다.

일 년에 50회 이상을 순례하는 셈이다. 나는 남들의 시선을 의식해서 지역 안에서만 일하려 하지 않는 편이다. 하루를 통째로 시간을 바쳐서라도 이런 외부 스킨십을 강화하지 않으면 우리 제천시는 우물 안 개구리 신세를 면하지 못할 것을 알고 있기 때문이다.

그 결과 2013년 사상 유례가 없는 5,520억 원의 정부예산을 확보할 수 있었으며 2014년도에는 5,923억을 확보했다. 이런 발 빠른 행보 덕에 지속되는 경기침체에 따른 서민생활의 어려움을 덜 수 있었고 태백선 철도 이설을 1년 앞당기는 등 굵직굵직한 대규모 공약사업을 집중 추진해 순항시킬 수 있었다.

국회의원 초청 정책간담회를 개최하여 시정추진의 가파른 고비마다 항상 대승적 차원에서 든든한 동행을 함께해 주시는 국회의원과의 소통의 자리를 가지기도 했다. 그 자리에서 지역의 현안사업을 설명하고, 이에 소요되는 국·도비 예산 확보에 대한 대책을 함께 세울 수 있었다.

한 도시가 비상하기 위해서는, 지역총의를 모으는 활발한 의사소통과 긴밀한 정책공조가 중요한 관건이라고 생각한다.

재경제천향우회 정기총회를 개최하여 서울에 사는 뜨거운 애향심을 가진 이들을 결집시키는 계기를 마련했다. 재경향우회원들의 지역 농특산품 구매와 인재육성기금 기탁은 물론 시의 대규모 행사나 축제 때마다 홍보와 참여에 열정을 보여 주신 것에 대해 고마움을 나누었다.

원래 제천인은 의로운 정신으로 담금질된 기개가 있고 어려울수록 분연히 일어서 희망의 성을 쌓고, 가시밭길과 장애물을 헤쳐 나가 반드시 향기 나는 꽃을 피우는 강인한 시민정신을 갖고 있다. 성공경제도시 제천이라는 반듯한 집을 짓는 데는 이렇듯 서울 등 외지에서 활동하고 있는 제천인들의 도움을 결집할 수 있다면 더욱 큰 힘이 될 것이다.

사람의 팔은 안으로 굽고, 여우도 죽을 때는 자기가 살던 고향을 바라보고 죽는다는 말이 있다. 고향이라는 끈끈한 정으로 화합할 때 제천인의 위상은 더욱 높아질 수 있다.

중앙부처공직자 가족 초청 시정설명회를 갖기도 했다.

자치단체 간 무한경쟁 시대로 돌입하면서, 지리적 입지 조건이 조금 불리한 지역은 발전과 투자유치에 큰 장애요인이 되고 있다. 이를 극복하기 위해 많은 관계자들이 혼신의 노력을 다해오고 있다.

비록 몸은 떠나 있지만 중앙부처 공직자들의 마음도 다르지 않을 거라 생각했다. 고향인 제천 발전을 위해 국책사업과 정부예산을 확보하는 데 불철주야로 도움을 주기 때문에 많지 않은 인적자원을 가지고도 인근의 원주, 충주에 못지않게 지역발전을 추진해 나가고 있다. 중앙부처의 각 요직에서, 국가발전의 중추적 역할을 담당하고 계시는 공직자들의 가족들을 모셔 간접적으로 중앙부처 공직자들의 노고를 치하한 것이다.

중부내륙중심권 행정협력회를 주도적으로 이끌기도 했다.

2004년부터 충북의 제천·단양, 강원도의 영월·평창, 경북의 영주·봉화로 결성된 '중부 내륙중심권 행정협력회'를 주도적으로 운영해 민간 부문의 실물경제까지 파급효과를 미치고 있을 뿐만 아니라, 특히 시·군간 연계협력사업의 성공적 수범 모델을 창출하고 있다.

중부내륙중심권 행정협력회가 지방3.0 정책의 실천적인 사업에 본격적인 불을 지필 지역 활성화 공동마케팅전략을 발표해 큰 관심을 받고 있는데 주목할 만한 것은 주민과 소비자의 참여를 통해 지역의 상품판매와 실질적인 관광가이드 역할을 병행할 '전국이벤트사업', 관광지 현장의 여행 동선을 따라 퀴즈를 맞히고 답사기념 스탬프를 찍는 체험여행으로 잠재관광객을 지역으로 본격 유인할 '스탬프퀴즈여행', 2018 평창 동계올림픽 개최 등에 대비해 급증하는 외국인 관광수요를 위한 다국어서비스(한국어·영어·중국어·일본어 등 4개 국어 서비스), 시각장애인 등을 위한 '오디오가이드' 등 다양한 소비자의 편의에 중점을 둔 사업들이 포함되어 있다는 것이다.

중부내륙중심권 행정협력회는 '대통령직속 지역발전위원회 주관 기초연계협력사업 우수사례 선정' '행정안전부 주관 지방3.0 선도과제 우수사업 선정'을 필두로 그간 쌓아온 사업성과와 성공적인 사업을 이끈 운영시책 및 관광개발상품을 소개하며 국내 기초연계협력사업 수범모델로서의 입지를 굳혔다.

권위를 내려놓고
소통을 열다

물은 아래로 흐르기 때문에 바다를 이루게 된다. 자신을 낮추면 더 높게 대접받는다.

시장이 되어서도 내가 먼저 권위를 내려놓고 시민과 소통하지 않으면 제천의 민심으로부터 외면 받을 것이라는 걸 알고 있었다.

탈 권위를 향한 내 행보는 취임 초부터 이뤄졌다.

옛 제천시장 관사를 '시민 품으로' 돌려보낸 것이다. 취임하자마자 민선 3기 시작 이후 빈집으로 방치되고 있던 옛 시장관사를 나는 시민공간 환원사업으로 공원을 조성하려고 했다.

그러나 여러 가지 여건을 감안해 어린이집으로 신축해 시민에게 환원하는 것이 더 효과적이라 생각, 청전 어린이집을 이전신축하게 됐다.

신축된 청전 어린이집은 야간보육 및 24시간보육 실시로 야간에 경제활동에 종사하는 가정, 한부모가정, 조손가정 등 필요한 가정에서 이용하도록 했다.

오지마을 순방과 읍면동 시정설명회를 통해 주민들과 직접 소통하며 건의사항을 수렴하고, 제천시 시민고충처리위원회를 운영하는 등 시민의 불편과 불만을 즉각 해소하는 데 힘썼다.

나는 시장이 된 이후에는 주말을 반납한 채 시정을 보는 일이 아주 자연스러운 생활이 되었다. 70년대 초반 공직에 투신한 이래 새벽 5시면 어김없이 일어났다. 하다못해 주변 골목에 나가 청소를 하고 새벽을 일깨우는 이웃들의 실상을 살펴보는 것이 습관처럼 되었다.

시장에 당선된 이후 더욱 더 살필 것이 많아졌다.

그리고 바로바로 민원을 해결해 드리기 위해 노력하고 있다. 2011년 12월 31일 시청에서 종무식을 끝내고 봉양읍 학산리를 둘러보러 나갔는데 그때 주민들이 제방 문제에 대해 건의를 했다. 하천에 모래와 자갈이 쌓이면서 물길이 제방 쪽으로 흘러 밑바닥을 파고 있어 장마 등으로 큰물이 지면 난리가 날 수도 있는 상황이었다.

신년을 맞이하자마자 1월 2일 곧바로 포크레인으로 모래와 자갈을 퍼내어 문제를 해결했다. 주민들의 입이 떠억 하고 벌어질 수밖에 없었다. 십 년 동안 아무리 호소해도 해결이 안 되던 사안이 하루 아침에 해결되었기 때문이다.

주말과 휴일에 내가 들은 문제들이 월요일 간부회의에서 바로 바로 논의되니 제천의 시정은 속전속결로 이뤄질 수밖에 없다.

불경기 여파로 새벽의 인력시장에서 한숨짓는 일용노동자들을 위로하는 것, 주말에 찾은 시골 촌로의 밭에서 고추를 함께 따드리는 일, 부락에서 경조사를 맞은 이들을 찾아가 함께 울고 웃어주는 일 이 모든 것이 내 소명이고 삶이라 생각했다.

'우리의 문제는 현장에 답이 있다'라는 신조와 '시장이 직접 주민을 찾아간다'라는 참신한 시도로 탈권위적인 '듣는' 시장이라는 이미지를 정착시켜 나가고 있다.

시민들과 만나면서 들었던 가슴 아픈 이야기가 있었다. 그것은 '평생 시장님 얼굴을 처음 본다'라는 주민들의 말씀이었다. 이 말은 너무도 나를 부끄럽게 만들었다. 그리고 이 부끄러움은 나를 공직에 투신하게 만든 초심을 돌아보게 해 주었다.

토요일 오전이면 으레 나는 조금 먼 면지역으로 돌아다니곤 한다. 내가 먼저 찾기도 하고 주민들이 먼저 내게 데이트를 신청해 오기도 한다. 각 지역의 이장님이 토요일 아침이면 내게 전화를 주신다. 아침밥 해놓았으니 오라는 소리는 이장님이 내게 뭔가 말할 용건이 있다는 것을 알리는 것이었다.

대신 나는 늘 조건을 건다. 된장국, 김치, 깍두기 외에 일절 다른 반찬은 내놓지 말라는 것이다. 이런 내 엄포⟨?⟩ 때문에 봉양읍 명암리에서는 아침에 식사 초대를 하신 분이 우물쭈물 '가지나물 하나만 더 얹으면 안 되남유?' 하고 조심스레 물었던 적도 있다.

밥을 다 먹고 난 후, '이제 제가 밥값 좀 하겠습니다. 무슨 문제

가 있으십니까?'라고 물으면 그때부터 봇물 터지듯 민원을 쏟아
내고는 한다.

노후화된 수도관 때문에 물이 잘 안 나와 겨울만 되면 다른 곳
에서 물을 이고 와야 했던 방학2리 이장님의 부친께서는 직접 꿀
을 뜨신 것을 소중히 싸갖고 와 내게 주신 적도 있었다. 그런 주
민들의 마음은 내게 꿀보다 더 값지고 달콤한 것이었다.

보듬고 경청해야 할 시민들의 맨얼굴을 만나보지 않는다면 진
정한 시장이라고 할 수 없다. 노력은 평소 습관에 의해 이루어진
다는 말이 있다. 늘 시민들을 만났기에 새삼 힘들지도 괴롭지도
않았다. 내 소명을 신명 있게 해 나갈 뿐이다.

시민과 소통하는 명품행정을 펼치는 것은 활기찬 경제도시 제
천을 건설하기 위한 가장 기본적인 포맷이다. 시민의 작은 목소
리도 귀 기울여 경청하고 시민의 가려운 곳곳을 찾아 해결하고
자 하는 소통의 행정을 펼치기 위한 노력과 열정 때문에 남보다
일찍 '새벽을 여는 시장'이라는 닉네임을 거머쥔 게 아닌가 생각
한다. '해장국 시장'이라는 애칭도 가지고 있는 소탈한 시장이기
도 하다.

시민과 소통하고 시민이 공감하는 행정을 추진키 위해 시민참여
예산제도, 예산낭비 신고센터운영 등 주민참여 기회를 확대하고
읍면동 시정설명회, 시장 직속 시민고충처리위원회 운영을 통해
시민들의 불편과 불만을 해소하기 위한 노력을 강화하고 있다.

지역발전 정책세미나, 주요사업 공청회 등도 수시 개최하여 시

CCTV통합관제센터

정에 대한 시민의 행정참여를 위한 열린 행정도 실천하고 있다.

파란의 인생길에서 좌절하지 않는 믿음과 정의로운 자신감, 그리고 희망에 대한 실천력과 타인의 이야기를 경청하는 마음가짐으로 초지일관 처음의 마음을 유지하고 있다.

이 밖에도 친서민생활고충민원처리기동대와 시정평가단의 내실 운영을 통해 열린 시정을 펼쳐가고 있다.

특히 2010년부터 운영 중인 시민고충처리위원회는 국민신문고대상 국무총리상을 받기도 했다. 재난·범죄로부터 안전한 도시 구축을 위해 CCTV 통합관제센터를 설치하기도 했고 남부면 농기계임대은행을 설치하여 비싼 농기계 값으로 시름이 깊은 농가의 고민을 덜어주기도 했다.

영농기계화 농민과 함께

또한 권위적인 공직사회의 격식을 파괴하는 데도 앞장서고 있다. 각종행사 시 시민중심의 행사가 되도록 의전을 간소화하여 시간과 비용을 절감하였다.

기관장과 초청인사 위주로 배치하던 좌석을 노인, 장애인 등을 우선하도록 했고, 행사에 늦으면 시장 자신도 뒷좌석에 앉는다. 제천시에서는 '시장도 늦게 오면 자리가 없다'라는 것이 당연한 게 되었다. 내빈소개, 축사도 최소화시켰다.

처음에는 이것도 실천하는 게 여간 어렵지 않았다. 전관예우를 시원찮게 한다는 뒷소리도 들어야 했다. 하지만 내가 이렇게 한 이유가 있다. 체육대회에 참석한 적이 있는데 장황한 내빈소개 시간에 뙤약볕에 서 있던 여성 선수가 픽 하고 쓰러진 것이다. 그 순간 나는 시민과 참가자가 중심이 되어야 하는 행사가 불필요한 형식 때문에 망쳐지는 것이 너무도 안타까웠다.

그 이후 공식적인 시 행사가 아닌 한 축사도 없앴고, 내빈 인사 역시 공동으로 하는 것으로 갈음케 했다. 시민들은 환영했다. 이것 역시 작지만 의미 있는 하나의 개혁이었다고 생각한다.

나는 페이스북과 카카오스토리 등 소셜네트워크SNS를 통해 각종 시정을 소개하고 시민들과 소통하며 민생을 챙기고 있다.

처음 시작할 때는 오·탈자도 많고 사진 올리기도 힘들었는데 이제는 현장을 이동하는 차 안에서도 할 수 있을 만큼 숙달됐다. 시민들의 짧은 위로와 지역을 걱정하는 분들의 작은 목소리가 시정추진에 큰 힘이 되고 있다.

매일 아침 5시면 어김없이 "제천의 아침을 여는 서민시장 최명현 시장입니다!'라는 인사말을 시작으로 각종 현장을 누비며 실시간으로 사진과 함께 자세한 내용을 실어 시민들과 소통의 창구로 삼고 있다.

유난히 눈이 많이 오고 한파가 이어지는 날은 실시간으로 제설 작업 현장을 소개하고 시민들에게 당부의 말을 남기기도 한다.

또 지역에서 열리는 각종 행사나 축제 사진, 설명까지 담아 실시간으로 올려 시민들이 시정에 관심을 갖도록 노력하고 있다.

연초에 각 읍·면·동을 돌며 가지는 '시정설명회' 소식도 설명회가 끝나는 즉시 사진과 주민들의 건의사항 등을 실시간으로 올려 각 부서 공무원들이 이를 보고 업무를 챙기는 데에도 큰 도움을 주고 있다.

내가 빠짐없이 챙기는 토요일과 일요일 행사의 내용들을 카카오스토리에 올리면서 시민들의 댓글도 이어지고 있다. 나는 시민들의 목소리 하나하나가 모두 다 소중하다.

"시장님 부지런하고 고생하십니다."

"시장님 파이팅!"

"살기 좋은 제천시가 될 것입니다. 용기 내세요!"

"똑바로 하시오!"

안부의 글과 함께 시정에 관한 고언까지 모두 다 소중한 시민의 목소리다. 격려 목소리든, 꾸짖음이든 이 모든 시민들의 글이 나의 하루를 벅차게 시작하게 하는 원동력이 되고 있다. 권위를 내려놓고 소통을 열자 '시민의 마음'이라는 선물이 쏟아지게 된 것이다.

시민과
공무원에게 바란다

시민과 공무원에게 바라기 전 나는 나 자신에 대해 돌아보곤 한다.

'나는 어제보다 얼마나 변했는가?'

'오늘 난 도전했는가?'

변화와 도전이 없는 리더는 실패한 리더라고 생각하는 나는 변화와 도전을 하지 않으려면 자리만 차지할 것이 아니라 능력이 되는 후임에게 어서 자리를 넘겨야 한다고 생각한다. 그것이 제천시민을 위하는 길이니까.

내 집무실에는 '공무원이 최선을 다하면 시민이 행복해진다'라는 글귀의 표구를, 결재를 받으러 오는 직원들이나 민원인들이 모두 잘 볼 수 있는 위치에 놓아두었다.

공무원들은 제천 시민들을 위해 존재하는 사람들이다. 나는 늘 우리 제천시 공무원들에게 친절하고 성실할 것을 주문한다.

민원도 기한 내 처리하려고 하지 말고 가능하다면 가급적 빨리 끝내도록 강조한다. 만약 처리가 불가능한 민원이라면 친절하고 상세하게 풀어서 설명해 주도록 요구했다. 안 되는 이유를 딱딱한 법 조문을 들이밀며 따박따박 주장하는 것은 인간미 없는 행동이다. 행정의 신뢰도를 높이기 위해서는 먼저 시민들과의 교감이 바탕이 되어야 하며 시민들 역시 시장의 철학에 공감해주고, 공무원들의 행정에 격려와 지지를 아끼지 말아야 할 것이다.

시정은 시장과 공무원, 시민의 3박자가 골고루 맞아떨어져야만 제대로, 올바르게 진행될 수 있기 때문이다.

리더의 덕목 중 하나가 '비전 제시'일 것이다. '비전 제시'야말로 지역 발전에도 큰 영향을 미친다. 지방자치시대 정책추진은 리더의 '비전'이 올곧게 서야 성공적으로 추진될 수 있는 것이다.

지자체의 리더들은 남들이 하지 않을 때 한 발 앞서 '비전과 목표'를 설정하고 그것을 이루어 나갈 수 있는 제반 여건을 만들어 실현해나갈 수 있어야 한다. 그것이 리더로서의 맡은 임무이고 책임이다.

인간 행동의 하나하나가 모두 도전의 한 부분이라고 생각한다. 도전할 필요가 없는 안온한 삶은 생각만 해도 재미없고 무미건조하다. 인생에서 어떤 전환점을 이루는 것은 모두 도전의 결과로 나온 것이다. 도전하는 사람이 없었다면 이 세상의 발전은 없었다. 한두 사람의 도전이 세상의 흐름을 바꾸고 인류 역사를 진화

시켰다. 그러나 그 도전이 공무원들과 시민들이 수긍하지 않는 것이라면 문제가 있다.

늘 리더로서 항상 조금은 더 아래에 서서 섬긴다고 섬겼지만 여전히 미흡한 것이 많을 것이다. 그래도 불통의 시장이 되지 않기 위해 언제나 귀를 열어두고 공무원들과 시민들이 제기하는 부분에 대해 귀담아 들으려고 노력하고 있다. 그럼에도 불구하고 백 인 백 색의 모든 의견을 다 포용하고 추진할 수 없는 것이 행정의 속성이라는 것을 알아주기를 부탁드린다.

늘 공공의 이익을 위해 행정을 추진하려고 하다 보면 대승적인 희생을 원치 않게 강요할 수도 있고, 미처 세심히 살피지 못한 틈이 있을지도 모른다. 하지만 불순한 의도로 모든 이들의 민의를 모아 추진 중인 시 정책에 대해 근본적으로 뒤흔들려고 하는 시도들은 옳지 않다.

제천을 달군 뜨거운 이슈 중 하나가 구 동명초교 부지에 들어설 교육문화컨벤션센터 건립에 관한 것이다. 이 교육문화컨벤션센터와 관련하여 다양한 의견이 분분했다. 혹자들은 제천시 재정 여건에서 2백억 원에 달하는 옛 동명초교 부지를 매입하고, 막대한 돈(부지 매입비 포함 535억 원)을 들여 교육문화컨벤션센터를 짓는 것이 적절한지 의문이라는 취지의 비판을 연일 퍼부었다.

적지 않은 예산 문제를 걱정하는 목소리도 있지만 이전하는 동명초교의 터를 그대로 둘 경우 도심 공동화 현상이 가속화되는 문제가 발생한다.

교육문화컨벤션센터 조감도

하지만 교육문화컨벤션센터가 건립되면 텅 빈 제천 시내 한가운데가 젊은이들이 들끓는 명소로 바뀔 수 있다. 제천 도심의 품격을 높이기 위한 선제적 대응으로 이 사업을 바라보면 좋을 텐데 그렇지 않은 정략적 시선이 다소 존재하는 것이 내심 불편하다.

시 재정자립도와 구 동명초등학교 부지 매입금액 약 2백억 원을 고려할 때 이 사업을 재검토해야 한다는 의견도 있는 것으로 알고 있다. 하지만 우리 시는 행정안전부의 재정건전성 평가에서 '우수' 평가를 받았을 뿐만 아니라 2012년부터 채무가 없는 지자체가 되었다.

토지매입비는 10년간 장기 분할상환 방식이므로 재정적으로 전혀 부담이 되지 않는 것이며 오히려 제천시의 중심지에 시유재

삼한의 초록길 조감도

산을 확보함으로써 교육문화 컨벤션센터 건립에 따른 시 재산가
치가 월등히 커져 재산증식의 성과 면에서도 크게 이바지할 수
있는 것이다.

'삼한의 초록길' 조성 사업에 대한 것도 미래의 제천을 위해서
는 꼭 필요한 사업이다. 시내에서 의림지까지 2km, 폭 35m의
녹색 건강길에 단풍이 물들고, 약초꽃이 피어나면 내장산으로
갈 관광객을 제천으로 흡수할 수 있다.

장애인과 임산부, 노약자들 역시 이 건강길을 즐길 수 있고, 자
전거길과 농로는 레저객들과 농민들의 만족도를 충족시킬 것이
다. 모든 시민들이 좋아하는 이런 사업에 '반대를 위한 반대'는
공감을 얻지 못할 것이다.

이 사업을 반대하는 사람들에게 모두 시청에 오후 6시 반까지 와서 함께 끝장 토론을 하자고 했던 적이 있는데 불과 세 명만 왔다. 이런 것에서도 알 수 있듯 그들의 반대 명분은 그다지도 허약한 것이었다.

시민들도 변해야 한다. 실례로 전임 시장이 송학면 포전리 주민에게 160억 원을 지원하기로 하는 한편 화장장 운영권과 매점 운영권까지 준 상태였으며 이미 79억 원은 마을에 지원된 상태였다.

내가 취임하고 얼마 되지 않아 마을 지원사업 때문에 주민과 운영주체가 분열되어 더 이상 사업추진이 어렵게 되어 지원을 중지한 상태에서 주민들이 나를 찾아와 전임시장과의 약속이니 마저 지원해 달라고 했다. 대표에게 난 현 상태에서는 더 이상 지원할 수 없으며 오히려 화장장 운영권을 다시 회수하겠다고 말했다. 그동안 화장장을 마을에서 운영하면서 서비스 면에서 문제가 많았기 때문이다.

총 42일간의 시위가 이어졌다. 나는 아예 면담도 하지 않았다. 시위가 이어지는 동안 나는 법원지원장, 검찰지청장, 경찰서장과 간담회를 가지면서 "책임지고 해결할 테니까 제게 맡겨주십시오"라고 부탁했다.

내가 꿈쩍도 하지 않자 소를 반납하겠다는 말을 해서 반납하라고 했다. 반납하면 팔아서 그 돈을 세입으로 잡을 계획이었다. 축산과장을 불러 빈 외양간과 고삐를 준비시켰고, 소방서에는 가스총을 잘 쏘는 대원을 지원 요청했다. 내가 이렇게 완고하다는 것을 전해들은 농민들은 소를 시청 앞에 놓고 가버렸다.

이런 우여곡절 끝에 결국 시위는 마무리 되었고 화장장과 매점 운영권도 회수하였다. 하지만 오랜 시위로 지치고, 허탈해하는 주민들의 마음을 위로하기 위해 한우를 추가로 입식 지원하여 그들의 마음을 보듬어 주었다.

정의가 살아 숨 쉬는 사회, 불법이 발을 못 붙이는 사회가 되기 위해서는 성숙한 시민의식이 필요하다. 당장 눈앞의 여론에 쫓겨 불의와 타협을 해 큰 것을 잃어버리는 우를 범해서는 안 된다. 제천시에 득이 되고 미래 비전이 뚜렷한 사업들은 설령 힘이 든다 해도 소신 있게 추진할 필요가 있는 것이다.

언제부터인가 우리 사회에 의병정신과 후덕한 인심은 퇴색되고, 나만 편하면 된다는 이기주의와 무질서가 만연되고 있는 것 같다. 남을 음해하는 풍토가 조성되어 시민화합과 지역발전의 저해요인으로 대두되는 것 같아 실로 안타깝기 그지없다.

비장한 각오로 뉴새마을운동을 확산시키고자 하는 이유 중 하나는 민심을 하나로 모아 새로운 성장 동력을 만들기 위한 것도 포함된다.

개인과 소속단체의 이익을 앞세운 지나친 의견은 자제할 필요가 있다. 우리 지역의 미래, 우리와 우리 자식들의 고향인 제천을 사랑하는 마음으로 조금 더 큰 틀에서 함께 움직여주는 제천시민이 되어줄 것을 지면을 빌어 부탁드리는 바다.

공무원에게도 할 말은 많다. 나는 늘 우리 제천시 공무원들에게 무한 신뢰와 애정을 갖고 있다.

민선 5기 성공경제 제천호의 밑그림을 묵묵히 그리며 나는 우리 제천시 공무원의 역량을 믿었고 기대했다. 일은 사람이 꾸미고 결국 사람을 통해 완성되는 것이라고 생각했다.

제천시민을 위한 수만 가지 화려한 정책도 공무원의 열정과 동참 없이는 절대 성공할 수 없다. 제천시민을 위한 행정을 성심으로 펼칠 때 쏟아지는 격려와 인정이 공직자가 받는 최고의 명예이자 훈장이라고 나는 공무원들에게 입버릇처럼 말하곤 한다.

하지만 아직도 관성을 타파하지 못하는 공무원들이 있다. 구태의연한 방식으로 일을 하게 되면 행정의 비효율과 무능, 부패는 당연히 함께 따라다닐 수밖에 없다.

모스크바 크렘린궁 근처 휘황찬란한 길거리의 모퉁이에 벤치가 하나 있는데, 늘 병사 한 명이 교대로 나와 보초를 섰다. 관광객들은 눈도 깜빡이지 않고 서 있는 러시아 병사를 배경으로 사진을 찍었다. 모두들 관광객을 위한 배려로 병사를 내보내는 것으로 생각했다.

그런데 한 사람이 왜 번화한 거리에 러시아 병사를 내보낼까 하는 의문을 품고 추적에 들어갔다. 그 결과 그는 제정 러시아 시절 그곳에 벤치를 설치하고 새로 페인트를 칠한 적이 있음을 알게 됐다. 크렘린궁에서는 매일같이 크고 작은 행사가 벌어지니 신사숙녀들이 그곳을 지나가다가 무심코 벤치에 앉으면 낭패를 볼 것이기에 러시아 왕실은 페인트가 마를 때까지 사람들이 벤치에 앉지 못하게 하려고 그곳으로 병사를 파견했다.

그런데 잦은 인사이동으로 그 명령을 내린 사람은 떠나고 새 사람이 연속해서 왔다. 그들은 시키는 것에 충실한 시종侍從업무 전문가들이었으니 전임자가 한 일에 대해서는 전혀 의문을 품지 않고 이어나갔다. 그 결과 러시아 병사 한 명이 아무 할 일도 없이 벤치로 나가 한 시간씩 서 있으면서 명물이 되게 된 것이었다.

이 일화는 공무원들이 관성을 타파하는 일이 왜 필요한지 극명하게 알려주는 이야기일 것이다. 전례라는 이유만으로 불필요하고, 무의미한 일들이 주변에서 많이 일어나는 것을 볼 수 있다. 가끔은 이런 전례가 편안한 안정감을 주기도 한다. 그냥 따르면 되니까 새로운 변화나 고민을 애써 쥐어짜낼 필요가 없기 때문이다.

창의력이 없으면 사회와 조직은 죽은 사회, 죽은 조직이다. 관료화된 조직은 죽은 조직이고 죽은 사회다. 사회가 복잡해지면서 사람들도 복잡하고 다양해졌다. 모든 일들이 수학처럼 공식이 있고 답이 정해져 있다면 인생은 그 매뉴얼대로만 살면 된다.

하지만 사람의 선택에는 무수히 다양한 답이 존재한다. 때문에 '다름'을 인정해야 한다. 다름을 인정하는 것이 창의성을 인정하는 것이다.

누구나 자기만의 특기, 브랜드, 역사, 스토리텔링이 있다. 똑같은 인생 매뉴얼이란 존재할 수 없는 것이다. '당신만의 것'을 발휘하는 것이 창의적으로 행동하는 것이다.

자치단체가 경쟁력을 가지려면 그 도시만의 유일한 것이 있어야 한다. 다른 도시들과 유사한 도시들은 경쟁력을 갖추기 힘들다. 단체장들이 자치단체의 미래 비전을 제시하고 이 비전을 위해 공무원을 비롯한 팔로워들이 창의적으로 헌신한다면 충분히 독창적인 도시가 탄생할 수 있다.

공무원들에게 주인의식을 가진 사람이 될 것을 주문한다.

공무원들은 자신들을 가리켜 복지부동이니 철밥통이라는 수식어를 쓰는 것에 분노해야 한다. 피터 드러커 교수는 '미래는 예측이 아니라 창조하는 것이다'라고 말했다. 내일을 창조하려는 사람들은 안정된 오늘을 스스로 파괴할 줄 알아야 한다.

'공무원이 최선을 다하면 시민이 행복해진다.'

그러기 위해서는 끊임없는 변화와 혁신을 해야 한다.

모든 살아있는 것은 환경에 맞춰 변모했기에 살아남을 수 있다. 공무원들도 유기체처럼 주변 환경에 적극 대처하고 끊임없는 연구와 노력으로 미래를 준비해야 한다.

시민들에게도 바라는 것이 있다. 시민들에게 바라는 것은 큰 것이 아니다. 그냥 같은 길을 바라보며 가자는 것이다. 주민참여가 지역발전의 원동력이기 때문이다. 시정은 공무원뿐만 아니라 시민들과 함께할 때 진정한 성과를 거둘 수 있다. 그러려면 시민의 마음을 끌어내는 일이 더없이 중요하다.

아무리 멋진 제천을 건설하려고 해도 시민들의 참여와 지지가 없으면 힘들다. 시민의 참여를 이끌어내기 위해 나 역시 직접 대화하고 설득하는 노력을 게을리하지 않을 것이다. 하지만 먼저 시민 역시 마음속 장벽을 없애주어야 한다. 벽이 없어야 허심탄회한 대화도 가능한 법이다.

교육문화컨벤션센터 건립을 둘러싼 학현리 주민들의 반발 사례에서 보았듯이 지역 이기주의에 행정이 볼모가 되는 사태가 생겨서는 절대 안 된다.

시유지가 교육청으로 이전되더라도 지역 주민 생계에 지장이 없도록 기존 임대차 계약의 승계 및 농경지에 접한 면적 일부 제외, 기존 묘지 등 시설물에 대한 존치, 송이버섯 채취에 대한 종전 조건 유지 등을 약속했지만 주민들은 오로지 백지화만 요구하고 있었으며 대화나 모색 등은 애초부터 배제하는 태도였다. 이는 다 함께 살아가는 공동체로서도 허용할 수 없는 이기적인 행태일 뿐이다.

제천시민 전체의 소유인 공유재산을 마을 재산인 것처럼 취급하여 오해를 낳게 되었으며 또한 지역이기주의에 의해 현안사업이 발목을 잡힌다면 그보다 더 안타까운 일이 없는 것이다.

다행히 오랜 설득과 대화를 통해 학현 주민들과 타협점을 찾았으며 시의 최대 역점사업인 교육문화컨벤션센터 건립은 순조롭게 진행되어 2013년 12월 5일, 많은 시민들이 지켜보는 가운데 구 동명초등학교 건물 철거에 들어갔다. 마음의 벽을 허물고 허심탄회하게 대화한 결과 지혜와 역량을 결집할 수 있었던 좋은 사례라 생각한다.

　제천이 조금 더 멀리 가려면 우리 모두가 함께 가는 지혜가 필요하다. 함께하면 더 큰일을 이룰 수 있다.

　혼란스러울수록 멀리 보는 것이 중요하다. 역사나 인생 모든 것에는 항상 굴곡이 있을 수밖에 없다. 하지만 제일 중요한 것은 같은 곳을 함께 봐야 한다는 사실이다.

　시장으로서도 내 얘기에 공감을 해주고, 조언을 건네고, 함께 울고 웃는 시민들이 더 많이 늘어나기를 바란다. 같은 비전을 공유한 동행자들이 손을 맞잡고 함께 발걸음을 내딛어주어야 성공으로 가는 길이 더 손쉽고 즐거울 수 있기 때문이다.

시장실에 들어서면서 가장 먼저 눈에 보이는 문구

나눔과 베품의 도시,
제천

시장 취임 후 직면한 최대의 미션이었던 '2010제천국제한방엑스포'는 자발적으로 홍보맨으로 자처한 시민 모두의 자원봉사 덕분에 무사히 치를 수 있었다.

무엇이든 처음이 어려운 법이다.

자원봉사가 자연스러운 시의 정신문화 행태로 쉽게 자리 잡은 것은 시장으로서 참 자랑스럽고 흐뭇한 부분이다. '2011제천한방바이오박람회'에도 5개 단체 160명이 행사 진행요원 등 자원봉사자로 참여했다.

이렇듯 제천시는 명실상부 나눔과 베품의 도시가 되었다. 14만 인구 중 자원봉사인력이 22%선인 3만 명에 이를 정도로 사회봉사가 활성화된 지자체는 대한민국에서도 드물다.

봉사활동을 하거나 봉사의 모습을 보기만 해도 면역기능이 높아지는 것을 두고 '마더 테레사 효과'라고 하는데 봉사를 베풀면서 오히려 더 행복해지고 가슴 충만해지는 경험을 누구나 한 번씩은 해봤을 것이다.

제천이 나눔과 베품의 도시가 될 수 있었던 배경에 뉴새마을운동 역시 크게 일조했다고 자부한다. 환경Green, 소통Smart, 봉사Happy의 신 공동체 운동인 뉴새마을운동은 자율적이고도 적극적인 참여로 전체 지역사회의 복지증진을 도모하기 위해 그동안 많은 노력을 기울였다.

특히 뉴새마을운동의 4대 전략 중 '나눔과 봉사문화 확산으로 따뜻한 정이 넘치는 지역문화 만들기'에는 시민과 공무원, 관내 기업 모두 적극적으로 동참했다.

특히 지역사회에 모범을 보여야 하는 제천시 공무원들의 봉사활동은 체계화되어 있고, 상시화되어 있다. 나 역시 공무원 자원봉사활동 우수부서를 선정하여 시상하는 등 나눔 문화를 확산시키고 있다.

제천시는 2006년부터 전 부서에서 47개 봉사단을 구성하여 자원봉사활동을 꾸준히 전개해 나가고 있다. 연탄구입전달, 집수리, 생필품 전달과 말벗 되어 드리기, 농촌 일손 돕기, 쌈지공원과 자드락길 자연정화활동 등 다양한 분야에서 자원봉사 활동을 실천해오고 있다.

한국자유총연맹 제천시지회는 제천시 노인복지회관에서 2백여 명을 대상으로 점심식사 급식봉사 활동을 펼치는 등 기관과

캄보디아(껀사잉 초등학교)

기업 역시 자원봉사 행렬에 적극 동참하고 있다.

이런 온기는 해외로까지 전파되고 있다. 제천시새마을회 남·여지도자들이 2013년 12월 2일부터 6일까지 캄보디아 빈곤지역인 '씨엠립주 껀사잉빌리지'를 방문해 새마을 국제협력 사업을 펼치고 왔다. 제천시새마을회는 지난 2011년, 껀사잉초등학교와 자매결연을 맺은 후 해마다 학교환경개선과 교육기자재, 학용품 등을 지원하고 있다.

제천시새마을봉사단은 이번 방문에서 초등학교 학생들에게 새마을 로고가 새겨진 교복 3백 벌을 전달하고 학교 내에 그네, 시소, 회전그네, 미끄럼틀 등 4종류의 놀이시설을 설치해 주었다. 봉사단은 놀이터 페인트 도색과 화단 조성 등 학교 주변 환경도 말끔하게 정리해 주었다.

이들의 가슴속에 대한민국의 새마을운동을 각인시켜 훗날 캄보디아의 빈곤퇴치와 복리증진을 위한 캄보디아 새마을운동의 역군으로 자라날 수 있는 밑거름이 된다면 이보다 기쁜 일은 없을 것이다.

이런 따뜻한 공동체 문화 전파로 제천시는 2010 전국 우수자원봉사센터 대상, 2011 대한민국 자원봉사 국무총리상을 수상하기도 했다.

빛나라,
영원하라 제천!
- 대외 수상기록 모음

민선 5기 출범 이후 4년 동안 123개 부문 수상과 공모사업을 통해 620억 원의 시상금과 공모사업비를 확보할 수 있었다. 2013년도만 해도 총 27개 부문에서 수상하여 총 11억 8천만 원의 시상금을 받았고, 총 17개 부문 공모사업에 선정되어 227억 4천만 원의 공모사업비를 받을 수 있었다.

이런 동력에 힘입어 2014년도에 시정 사상 최대의 국도비 5,923억 원까지 유치할 수 있었다. 그만큼 제천시의 발전이 균형적이고 통합적이며 선제적이었다는 것을 반증하는 증거라고 생각한다.

대외적인 수상은 행정의 양적, 질적 수준을 가늠하는 바로미터인 동시에 얼마나 열정과 주인의식을 갖고 우리 시가 노력했는지를 알려주는 단초라 할 것이다.

물론 나를 비롯한 제천시 공무원들이 노력하고 제천시민들의 강력한 지지와 도움이 없었다면 절대 불가능했던 기록들이다.

녹색환경

제천시는 '3년 연속 하수처리 전국 최우수기관 선정' 등 녹색환경 조성노력이 대외적으로 인정받기도 했다.

제천시는 신재생 에너지인 태양광발전 전력생산, 소화조 슬러지 감량과 바이오 가스 생산, 가스열병합발전으로 보일러 가동 대체, 가스발전 전력생산으로 하수처리전력의 3분의 1을 자체 에너지로 대체사용하고 있다. 또 하수처리에서 발생되는 슬러지 전량을 시멘트원료로 재활용해 2009~2010년 최우수 시설로 평가 받았으며, 2009년도부터는 수질오염물질 감소를 위해 하수 관거정비 임대형 사업을 추진 중에 있다.

2012년 아름다운 소하천 가꾸기 공모전에서 우수시로 선정되어 국무총리상을 수상했다. 제천시 의림지천은 치수 안정을 고려하고 의림지 주변의 자연과 어우러지는 자연 친화적 문화공간을 조성하는 등 아름다운 소하천으로 정비해 사업 효과를 극대화했고, 역사와 문화가 함께 공존한 소하천으로서 주민들에게 친수공간을 제공한 점이 높이 평가됐다.

2010 위험도로 구조개선 사업으로 대통령상을 수상했다. 위험도로 구조개선 사업은 교통사고 발생이 잦은 천남동~신동 간 820m의 위험도로를 폭 25m로 확장하여 2008년도에 착공해 2010년에 준공했다.

제천시가 2013년도 대중교통 시책평가에서 우수지자체에 선정되는 영예를 안았고, 인센티브로 1억 원의 분권 교부세를 지원받았다. 운수종사자의 해외 선진교통문화 체험연수지원과 충주, 영월, 단양군과의 대중교통환승과 연계정보제공 노력이 우수한 평가를 받은 것으로 분석됐다.관내 시내버스 업체와 손잡고 시민 모두가 안전하고 불편함이 없는 교통 환경과 문화가 조성될 수 있도록 최선의 노력을 다한 결과다.

이 외에도 2013 산불방지대책 종합평가 우수, 2013 숲가꾸기 평가 우수 등의 실적이 있고, 사진찍기 좋은 녹색명소 사업, 2013 탄소중립화 프로그램 사업 등 여러 공모에도 당선된 바 있다.

지역발전

2012년도 충북도에서 주관한 시군 종합평가에서 최우수상을 수상해 3억 5천만 원의 상 사업비를 받은 데 이어, 제4회 국민신문고대상 국무총리 대상과 특히 행정안전부와 한국일보가 공동으로 주최하는 '대한민국 지방자치 경영대전'에서 지난 2010년 제7회 대회를 시작으로 2013년까지 4년 연속 수상의 영예를 안고 있다.

2013년 제천 내토전통시장이 전국우수시장 박람회에서 대통령상을 수상했다. 내토전통시장은 2008년 인정시장으로 등록된 이후 김정문 회장을 주축으로 각종 시설현대화사업, 경영혁신사업, 상인교육 등 내실을 기해왔다. 또 번개세일, 배달서비스 차량운행, 찾아가는 노래자랑 공연이벤트 등 다양한 이벤트를 열어 30% 이상 매출이 늘었으며 2012년 전국 1,511개 전통시장 경영평가에서 1위를 차지하기도 했다.

지방자치경영대전 대상 수상

2013년도 행정제도 개선 평가에서 우수기관으로 선정돼 안전행정부장관 기관표창을 받았다. 시는 직원 아이디어 공모와 공무원 연구모임 활동, 과제발굴을 위한 보고회 개최 등을 통해 행정제도 개선 활성화를 도모하고 취약계층지원 및 국민편의제고에 관한 다양한 과제를 발굴해 높은 평가를 받았다.

이외에도 지방3.0 선도과제 공모사업 우수, 2012년 지방자치단체 재정분석 우수, 제17회 한국지방자치경쟁력 최우수 등을 수상했고, 면소재지 종합정비사업(덕산, 수산, 한수, 백운)과 동소재지 종합정비사업(화산동) 등 공모도 당선되었다.

경제 활성화

2013년 지역일자리정책 한마당에서 2013년 지역일자리공시제 우수기관으로 선정돼 고용노동부장관상을 수상하는 영예를 안았다. 제천시는 일자리창출을 시정의 역점시책으로 추진한 결과 2012년 고용율은 55.6%로 전년대비 0.60% 소폭 상승을 보였고 취업자 수는 6만 3천 1백 명으로 전년대비 1.94% 증가해 2011년 글로벌 경제위기와 지역인구가 감소하는 어려운 경제여건 속에서도 고용율이 소폭 상승했다.

이는 고용율 상승을 위해 연 2회 취업박람회와 매월 1회 구인구직 잡잡데이 운영 및 제천고용센터와 협력해 일자리맞춤형 서비

내토시장 주차장 준공식

스를 제공, 연 5천 257명의 취업건수를 기록하는 등 지역일자리
창출을 민선5기 최우선과제로 삼고 추진한 결과라고 볼 수 있다.

　또한 지역일자리마련을 위해 민간부문이 흡수하는 일반적인 일
자리와 사회취약계층을 위한 공공일자리 그리고 제3의 일자리로
분류하고 민간부문과 공공부문에서 흡수하지 못한 근로자의 제3
의 일자리마련을 위해 청년층에는 중소기업 청년인턴제와 관내
대학의 제약 및 식품 학과와 관련 업체와의 협약을 체결하였고
중장년층을 위해서는 서민일자리사업 등 지역의 특성에 맞는 맞
춤형일자리사업을 추진하는 등 일자리가 필요한 계층별 일자리
거버넌스를 구축해 일자리 정책을 추진해 왔다. 이 수상으로 주
어진 인센티브 8천만 원도 일자리창출사업에 재투자되었다.

한방아로마힐링 및 한방티테라피 체험사업, 장돌뱅이 루트개
발 연계사업, 문화관광형시장 육성사업 등 공모에도 당선되어
경제 활성화에 기여하고 있다.

지역가치 제고

'2012 한국의 아름다운 도시'로 선정된 바 있다. 2010제천국
제한방바이오엑스포의 성공적 개최와 더불어 충북테크노파크
바이오센터, 한방바이오 임상지원센터, 세명대학교 한의과대
학·한방병원 설립 등 지식경제부로부터 2011년 우수지역 특구
로 선정된 점이 높은 점수를 받은 것으로 풀이된다. 이 선정으
로 시는 중부내륙권 최고의 건강휴양도시로 아토피, 비만 등 현
대병 전문치유시설인 한방명의촌과 친환경 한방바이오월드사업
등이 더욱 전국에 알려지게 됐다. 청풍호 그린케이블카, 제천 산
악체험장, 청풍랜드 하강체험장, 청풍호 자드락길, 비봉산 모노
레일 등 관광과 휴양이 공존하는 전국 제일의 한방과 건강휴양
의 거점지역이며 자연치유도시로 발돋움하고 있어 이번 수상은
더욱 의미 있고 도시 브랜드 가치를 드높이는 계기가 됐다.

제천시 대표브랜드인 '자연치유도시 제천'이 2013대한민국 대
표브랜드 대상을 수상했다. 2013대한민국 대표브랜드 대상은
동아닷컴, 한경닷컴, iMBC가 공동주관하고 지식경제부와 농림

수산식품부가 후원해 각 분야별로 대한민국 최고의 브랜드를 창출한 개인이나 단체에게 주는 상이다.

제천의 애초 브랜드는 '나이스 제천'이었다. 하지만 어려운 경제 현실에서 '나이스'를 외친다는 것은 왠지 현장 정서와 맞지 않는다는 생각이 들었다. 다시 새로운 도시 브랜드를 만들 필요가 있었고 그래서 탄생한 것이 '자연치유도시'였다.

'자연치유도시 제천'이라는 도시브랜드가 개발된 지 채 1년도 안 돼 대한민국 최고브랜드에 등극하게 된 것은 우리시의 브랜드가 지역의 정체성과 미래비전에 걸맞음을 대한민국 국민 모두가 인정한 것이다.

제천시의 농·특산물 공동브랜드인 '하늘뜨레'가 2013년 10월 28일 서울 그랜드힐튼 호텔 그랜드볼룸에서 열린 농·특산물 공동브랜드 부문에서 대상의 영예를 안았다.

이 상은 FORTUNE KOREA가 주최하고 한국일보, 서울경제, KOREA TIMES에서 후원한 것이며 또한 여성소비자가 뽑은 '2013 프리미엄브랜드대상'의 지자체 농·특산물 공동브랜드부문 대상을 받기도 했다. 이 수상으로 제천시의 농·특산물 공동브랜드인 제천 하늘뜨레가 명실상부한 전국적인 농·특산물 대표공동브랜드로 자리매김할 수 있는 토대를 마련했다.

2010년 제34회 국가생산성대회에서 인재개발부문 대상(행정안

농특산물 공동브랜드 부문 브랜드대상 수상

전부 장관상)을 받았다. 성과창출과 직원 역량강화를 위해 지속적으로 전문교육을 실시해 온 점에서 좋은 점수를 받았다. 또 혁신활동을 위한 학습동아리 운영, 지역인재양성을 위한 장학기금 1백억 원 조성, 시민대상 평생학습 프로그램 운영 등도 호평을 얻었다.

이외에도 지역역량강화사업(주민교육관련)과 2013년 지역평생교육 활성화 지원사업, 지식재산 창출사업 공모에 당선되어 지식재산도시로서의 역량을 강화시켜나가고 있다.

2011년 전국도서관 운영평가에서 최우수로 국무총리상을 수상한데 이어 2013년에도 제천 '기적의 도서관'이 문화체육관광부 장관상을 받았다. 2013년도 전국 도서관 운영평가에서 제천 기적의 도서관이 지역 내 모든 어린이들이 고르게 책과 친해질 수 있는 기회를 만들어 문화·교육 공동체 구축 역할을 한 점이 높이 평가돼 상을 수상하게 됐다.

공동체 만들기

2011년 제천시는 행정안전부 주관한 대한민국 자원봉사 대상 에서 국무총리상을 수상했다. 자원봉사는 제천의 대표 행정브랜 드로 자리 잡게 됐다.

시는 2001년도에 종합자원봉사센터를 설치하고 자원봉사 기 반 및 인프라 구축 등 지속적 투자를 통한 자원봉사 활성화에 기 여한 공이 높이 평가됐다.

또한 사회적 약자 지원을 위한 '사랑의 빵굽터' '빨래방' '이동목 욕차' 운영 등 소외된 이웃과 함께한 적극적인 행정지원을 바탕 으로 전체 인구의 22%가 넘는 시민이 자원봉사자로 등록돼 있으 며 남을 배려하는 나눔과 봉사를 통해 더욱 살기 좋은 제천을 만 들어 가고 있다.

2012년 국민권익위원회의 '고충민원처리 우수기관 인증제' 평 가에서 우수기관으로 선정되어 우수기관 인증을 받았다. 이 상 은 매년 국민권익과 반부패 청렴을 위해 노력하는 지방자치단체

국민신문고 대상

와 개인을 선정하여 인증하는 것으로 2012년 처음으로 우수기관 인증제를 시행하여 신문고 대상 수상자격 부여 등의 인센티브를 주고 있다.

나의 공약사항으로 추진하고 있는 시민고충처리위원회를 운영하고 있는 제천시는 시민들의 고충을 시민의 입장에서 듣고 해결하기 위해 지난 2011년 1월 12일 시민고충처리위원회를 발족했다. 위원들은 전원 외부전문가로 구성하여 운영 중에 있으며 2013년 12월 말 기준 456건의 시민 고충사항을 처리하는 실적을 보이고 있다.

이러한 업적 등으로 2012년 제4회 국민신문고대상으로도 선정되어 국무총리상을 수상하기도 했다.

보건복지부에서 주관한 2012년 지역자활센터 평가에서 우수 기관으로 선정됐다. 근로 능력이 있는 기초생활수급자의 자립을 위한 맞춤형 자활 근로 제공과 민간 인프라인 지역자활센터의 역량 향상에 노력한 결과 다른 지역 자활센터 보다 참여자 사례 관리, 참여자 소양과 직무교육 및 자활사업 홍보, 지역 유형에 맞는 특화사업 개발 등 평가 항목마다 높은 점수를 받았다.

2013년 보건사업 3년 연속 우수기관으로 선정돼 보건복지부로부터 기관표창과 함께 1천 5백만 원의 포상금을 받았다. '제5회 지방자치단체 보건사업 성과대회'에서 전국 230개 지자체 중 시市부문 우수기관으로 선정되었는데 2011년부터 3년 연속 우수기관으로 선정됨으로써, 보건사업 분야의 우수기관임이 다시 한번 확인됐다.

제천시는 노인층과 의료취약계층이 많은 도·농 복합형 시市의 특성에 맞춰 도시권에는 주민들의 건강증진을 위한 주민건강증진센터의 맞춤형 운동처방을 통해 자기 주도적 건강관리에 힘써 왔으며, 비도시권에는 방문건강관리, 이동진료, 이동 물리치료 등을 통해 의료 소외지역 해소에 노력한 부분을 인정받아 국가암검진 최우수기관(충북 1위), 2013 지자체 보건사업평가 우수, 지역 복지사업 종합평가 우수 등 다양한 수상의 영예를 안았다.

개인적인 수상

2012 대한민국 글로벌 CEO 대상과 2012 대한민국 문화 경영 대상, 2013 세계민주연맹 자유장 수상, 오바마 사회봉사상을 수상했다.

지식경제부와 중앙일보가 후원하고 포브스코리아가 주관하는 '2012 대한민국 글로벌 CEO' 선정은 2011년 금융 위기 발발 이후 국내외적으로 어려움을 겪고 있는 일부 분야 및 국가의 글로벌 성장을 응원하고자 경제발전에 힘쓰고 있는 국내외 경영자들을 재조명해 경제공항을 극복할 수 있도록 의지를 복 돋아 주기 위해 마련된 자리로 12개 부문 수상자 총 32명 중 지자체장은 전국 244개 시도지사, 시장, 군수를 통틀어 5명뿐이었다.

급변하는 글로벌 환경에 능동적으로 대처하고 변화의 물결에 맞서 성장의 기회를 창출한 공로를 인정받았다. 특히 지난 2010년 시장으로 당선돼 지역경제 활성화를 위해 한방산업을 기본으로 한 건강휴양도시, 성공경제도시를 향한 제천의 밑그림을 그렸으며 시민과 함께 변화하고 도전하는 창조적인 제천형 뉴새마을운동의 견인차 역할을 잘해왔다는 평도 곁들여졌던 상이었다.

한국소비자경영평가원이 주관하는 '2012 대한민국 문화경영 대상'은 문화예술, 관광, 특산물, 브랜드 등 각 부문에 업적이 뚜렷한 공공기관, 지자체, 개인에게 주고 있다. 중부 내륙권 최고의 건강휴양도시와 더불어 변화하고 도전하고 창조하는 제천형

2012 대한민국 글로벌 CEO

뉴새마을운동을 추진하고 있어 명품행정을 통해 자연과 함께 행복한 삶을 영위해 나가는 데 온 힘을 쏟은 공로로 받은 상이다.

세계자유민주연맹이 주는 '자유장'은 내가 2011년을 뉴새마을운동 원년의 해, 2012년을 뉴새마을운동 확산의 해, 2013년은 뉴새마을운동 정착의 해로 삼아 뉴새마을운동의 변화·도전·창조 정신의 바탕으로 주민 안보의식 계도와 주민 화합운동을 전개하면서 민주주의 참가치 실현에 기여했다는 공로로 받은 것이다. 대만에 본부가 있는 연맹은 114개국이 가입한 국제민간기구로, 2001년부터 자유 민주주의 수호와 세계 평화 유지에 기여한 인사에게 자유장을 수여하고 있다.

　2013년 수상한 '오바마 사회봉사상'은 2002년부터 시행된 미국대통령 사회봉사상으로 이 상은 전시민적으로 자원봉사를 활성화한 공로와 함께 로스엔젤레스의 '한인의 날'에 참여하여 직접 카 퍼레이드를 하며 제천 한방을 홍보하고, 사우스배일로 한의과대학하고 MOU를 맺는 등 제천 한약재의 수출을 위하여 전방위적으로 펼친 활동과 더불어 독도를 홍보하는 위원회의 자문위원 활동 등이 공로로 인정받아 수여된 것이었다. 우리가 잘 아는 기부천사이자 독도 지킴이 가수 김장훈 씨도 받았던 상이다.

청풍호 자드락길

최명현

금수산 꼭대기에서 내리비치는 달빛이
바다같이 넓은 가슴을 가진 청풍호에
살포시 내려 앉는다.

세상에서 가장 아름답고 포근한 달빛은
벚꽃 그림자를 만들고,
꽃향기 물안개로 피어올라
제천의 명약 산약초를 키우고 있구나.

아! 신선이 다니던 길
자드락길을 걷는 발걸음에 힘이 솟고,
세상살이에 지친 사람들
탁 트인 호수 절경에 마음의 눈을 씻는다.

모두들 오시라!
어서 빨리 오시라!
청풍호가 기다리는 자드락길로
찌들은 고민거리는 맑은 바람에
모두 날려 보내고
죽순처럼 우뚝 솟은 옥순봉의 정기가
제천의 새날을 열고 있다.

03

명품도시
제천

교육문화컨벤션센타(조감도)

힐링, 슬로, 건강휴양의
경제도시

명품도시의 요건으로 풍豊, 화和, 격格이 있다.

명품도시의 풍豊은 풍요로움을 말한다. 시민들의 부를 창출할 수 있는 자체 동력이 있어야 한다. 기업이 선뜻 투자를 하고 다양한 투자 인프라를 많이 확보하고 있는 도시가 명품도시의 반열에 오를 수 있을 것이다.

화和는 복지혜택이나 사회안전망 확충 등 시민과 도시의 하모니를 말한다. 시민의 교육과 정보, 의료 접근성이 매우 중요하다.

도시의 자족 기능을 위한 여러 편의시설이 잘 확충된 도시가 명품도시라 할 수 있을 것이다.

격格은 도시의 품격을 말한다. 흔히 도시의 품격을 말할 때 빼놓을 수 없는 것이 바로 그 도시를 운영하는 시정 철학과 랜드마크일 것이다. 제천시는 뉴새마을운동의 발상지라는 명예롭고 독보적인 타이틀을 가진 도시다.

제천 인구 14만 명은 세계적으로 보면 적은 인구는 아니다. 영국의 폐 탄광촌에서 예술의 도시로 탈바꿈한 셰필드는 인구 4만의 도시였고, 유명한 칸 영화제가 열리는 칸느는 프랑스 남부의 인구 6만의 어촌이었다. 지역민들의 번뜩이는 아이디어로 칸느는 인구 30만의 중소 도시로, 셰필드는 인구 10만의 유럽의 손꼽히는 예술 도시로 탈바꿈했다. 콘텐츠와 프로젝트를 통해 투자를 부르는 매력적인 도시가 된 것이다.

제천 역시 충분히 승산이 있다. 힐링, 슬로, 문화예술의 인프라에다가 물류교통이 발달된 수도권 배후도시, 수많은 기업들이 주목하는 성공경제도시로서의 경쟁력을 충분히 갖추고 있다.

슬로우시티, 힐링시티의 명품도시로 도약하기 위해서 제천시는 그동안 제천만의 뉴새마을운동을 펼쳐 비전과 특성에 맞는 과제를 발굴, 추진하였다. 이런 노력은 2013년 '한국지방자치경쟁력(경영활동부문) 최우수기관'에 선정되는 등 공식적으로 인정받기도 했다.

하지만 글로벌 명품 도시가 되기 위해서는 시장과 공무원들의 노력만으로는 달성할 수 없다. 14만 제천 시민들의 자긍심과 애향심이 고취되지 않으면 꿈꿀 수 없는 신기루일 뿐이다.

글로벌 명품도시의
위대한 탄생

뉴욕, 런던, 파리, 도쿄, 제네바, 프라하, 서울…….

저마다의 특색과 매력으로 전 세계인들의 마음을 설레게 하는 명품도시들이다. 이름만 들어도 뭔가 세련미가 넘치고 가보고 싶은 마음이 절로 들게 만드는 이런 명품도시의 자격요건을 전문가들은 풍豊, 화和, 격格으로 나누곤 한다.

제천의 풍豊

명품도시의 풍豊은 풍요로움을 말한다. 시민들의 부를 창출할 수 있는 자체 동력이 있어야 한다. 기업이 선뜻 투자를 하고 다양한 투자 인프라를 많이 확보하고 있는 도시가 명품도시의 반열에 오를 수 있을 것이다.

'찾아가는 기업지원 옴브즈만'을 운영하고 기업과의 간담회를 개최하는 등 비즈니스 프렌들리한 제천은 기업투자의 최적 도시로써 명품임을 입증하기도 했다. 제천시 왕암동에 조성된 제2바이오밸리의 분양은 현재까지 순항하고 있다.

IT·BT 등과 함께 자동차부품·한방바이오업종을 적극적으로 유치하기 위해서 각종 보조금 지원, 정주환경 개선 등으로 투자·고용환경을 개선시키고 있다.

또한 입주신청에서 공장등록까지 원스톱 민원처리로 기업들이 적기에 공장을 가동할 수 있는 여건을 만들어 주는 데 노력하고 있으며, 외부의 기업유치도 중요하지만 기 입주한 기업들의 애로사항 청취 등을 통해 한번 입주한 기업은 영원히 제천의 기업이 되도록 꾸준한 기업지원 서비스에도 만전을 기하고 있다.

청풍호 주변 관광개발과 관광시설 확충으로 7개 구간 58㎞의 명품 청풍호자드락길을 조성해 관광업이 제천 산업의 한 축으로 단단히 자리매김하고 있다. 청풍호 관광 모노레일 설치, 비봉산 활공장이 완공돼 근래 들어 국내 관광객은 물론 일본 등 해외 관광객들이 꾸준히 증가하는 추세에 있다.

KBS-2TV의 인기 예능프로그램인 1박2일에 제천이 자세히 방영되면서 청풍문화재단지를 비롯해 의림지, 배론성지, 박달재, 월악산 등 제천의 관광지마다 인산인해를 이루고 있다.

지역 전통시장을 살리기 위해 2008년부터 시작한 러브투어는

청풍호와 수경분수

당초 목표한 방문객을 이미 경신한 지 오래일 정도로 인기상품이 되었다.

전통시장 러브투어 방문객은 전통시장은 물론 청풍문화재단지, 청풍호유람선, 한방엑스포공원, 배론성지 등 제천의 주요 관광지를 둘러보고 관내 전통시장에서 지역의 특산품 등을 구입해 지역홍보와 지역경제 활성화에 큰 도움을 주고 있다.

농·특산물 공동브랜드 개발과 특화 농업으로 농업경쟁력을 확보하는 명품도시이기도 하다.

특화된 농업육성으로 읍면별로 특화브랜드 육성, 캠핑카 체험 농촌관광마을 조성, 친환경 잡곡생산, 과수전문 생산단지 조성, 축산농가 분뇨 퇴비화 사업을 추진하고 있다.

이 밖에도 농산물종합 가공센터 신축과 프로 농업인 육성, 우수한약재 GAP생산기반을 확충해 농업 실용화 기술보급과 확대로 농가 소득증대를 꾀하고 있다.

특히 제천시는 새로운 농특산물 공동브랜드인 '하늘뜨레'를 각종 농·특산물에 사용해 농업 경쟁력을 가진 명품도시가 되었다.

제천의 화和

화和는 복지혜택이나 사회안전망 확충 등 시민과 도시의 하모니를 말한다. 시민의 교육과 정보, 의료 접근성이 매우 중요하다.

도시의 자족기능을 위한 여러 편의시설이 잘 확충된 도시가 명품도시라 할 수 있을 것이다. 우리 시가 추진하는 '도로교통 모니터제 운영' '성실납세자 인센티브 제공' '암환자 자가 힐링사업' 등이 화和에 해당되는 명품사업이라 할 수 있을 것이다.

하지만 뭐니 뭐니 해도 제천을 대한민국 내에서도 독보적인 명품도시로 만드는 것은 능동적인 복지행정을 행하는 시정 철학을 겸비하고 있기 때문일 것이다.

시민 모두가 행복한 제천 건설을 위해 연 소득 5천만 원 이하 서민자녀의 보육비 전액 무료지원과 임신에서 출산까지 진료비 지원, 보육시설 교사 담임수당 지원, 노인 무료틀니 지원 확대, 365안심 보육시설을 운영 중이다.

나눔 문화 확산과 시민 복지체감을 높이기 위해 희망 나눔 모금이 현격히 늘어났으며 인구대비 22%의 자원봉사자가 활동하고 있다. 이런 이유로 제천시는 2011년 대한민국 자원봉사 대상 국무총리상을 수상하기도 했다.

'찾아가는 이동봉사' 운영으로 원거리에 위치해 상대적으로 복지서비스를 받지 못하는 오지마을 주민들에게도 복지서비스를 실시하고 있다. 시민의 주거 불편사항을 해결하기 위해 2012년 12월부터 운영하는 '친 서민 생활 고충 민원처리 기동대'는 전기시설 교체, 수도꼭지나 배관 교체, 창문 고쳐주기, 간단한 조경수 전지작업 등을 해주어 독거노인들이나 기초생활수급대상자 등의 환영을 받고 있다.

여성문화센터, 여성 새로일하기센터 등과 연계한 프로젝트를 운영하고 행복한 가정육성을 위하여 저소득 한 부모 가족지원, 건강가족 지원 사업을 확대해 나가고도 있다. 양성평등을 위한 질 높은 생활 환경 기반 조성과 여성·아동이 안전하게 성장하고 생활할 수 있는 사회적·물리적 환경을 조성하여 여성친화도시로 선정되기도 했다.

빠른 고령화 시대를 맞아 노인 복지구현을 위해 노인공동작업장 6개소를 설치하고 경로당 303개소에 대한 관리와 노인일자리 사업을 확대하고 2개소의 노인종합복지관, 노인대학, 노인교실을 통해 여가활동 및 노인의 사회참여도 확대해 나가고 있다.

지역사회건강증진 및 공공보건의료를 강화하기 위해 보건지소 의료장비 확충, 서울대학교병원 진료협력시스템 도입, 노인 보철 무료사업을 확대 추진하고 있다

제천의 격格

격格은 도시의 품격을 말한다. 흔히 도시의 품격을 말할 때 빼놓을 수 없는 것이 바로 그 도시를 운영하는 시정 철학과 랜드마크일 것이다.

제천시는 뉴새마을운동의 발상지라는 명예롭고 독보적인 타이틀을 가진 도시다.

'변화·도전·창조'의 시민의식 선진화 운동으로 4대 전략 12개 실행과제를 선정해 뉴새마을운동을 가장 모범적으로 실천해 오고 있으며 산하 공무원 전원에 대하여 뉴새마을운동 교육을 실시하고 범시민 다짐대회와 걷기대회를 통해 시민들의 동참을 이끌어 내고 있다. 또한 전국 지자체에서 이를 배우려는 발길이 이어지고 있다.

문화가 살아 숨 쉬는 문화·관광 명품도시로도 발전했다. 의림지 역사성 찾기로 시민 자긍심을 높이기 위한 의림지 역사박물관 조성을 추진하고 있으며 한편 푸른제천아카데미, 금요푸른음악회, 박달가요제, 제천의병제, 옥소종합예술제, 청풍동요제 등을 통해 시민들이 문화를 향유할 수 있는 기회를 확대하고 있다.

또 박달재 관광명소화를 위해 故 반야월 선생의 소장품을 무상 지원받아 반야월 선생 기념관을 건립함으로써 박달재의 역사성을 재조명하는 한편 울고 넘는 박달재를 한국가요사의 보고로 만들어 가고 있다.

또한 천혜의 쾌적하고 풍부한 자연환경바탕 위에 자연친화적인 개발과 슬로시티다운 느림의 미학이 공존하며 중부내륙권의 관광도시를 넘어 글로벌 명품도시로의 도약을 꿈꾸고 있다.

청풍호 벚꽃축제, 제천국제음악영화제, 한방바이오박람회, 의림지 동계민속 대제전 등 계절별 테마별 축제를 비롯하여 슬로시티 인증과 세계영상위원회 총회유치로 제천을 국내는 물론 지구촌에 알려 문화 명품도시로도 거듭나고 있다.

이런 풍·화·격을 다 갖추어 세계인의 이목을 끌 수 있는 글로벌 명품 도시가 되기 위하여 변화와 도전과 창조를 늘 모색하는 뉴새마을운동을 기치 삼아 오늘도 나는 전 방위적으로 뛰어다니고 있다.

의림지 동계 민속대제전

제천의 DNA, 힐링

국가든 지역이든 무한경쟁시대를 맞아 지역적인 브랜드가 곧 국가의 브랜드로 통하고 있다.

예전처럼 국가브랜드 따로 지역브랜드 따로가 아니다. 그 지역의 브랜드 창출은 지방자치에 걸맞게 그 지역에서 책임을 지고 개발, 승화, 발전시켜 나가는 것이 필요해졌다.

그렇다면 제천시의 브랜드는 무엇일까.

역사성에 초점을 맞춰 국내 경쟁력 강화 시책을 다양하게 전개하고 있는 '한방'일까? 나는 '힐링'이야말로 제천의 DNA를 제대로 표현하는 브랜드라고 확신한다. 한방의 고장이라는 보편적인 내용에서 탈피해 자연치유도시라는 특화된 분야를 가지고 접근한 이후 우리 제천시의 독보적인 행보가 시작되었다 해도 과언이 아니다. '힐링시티 제천'은 특허청 등록과 함께 2013년 대한민국

대표브랜드 대상을 받기도 했다.

'한방바이오박람회' 개막식에서 자연치유도시 브랜드를 선포한 이래 '힐링시티'라는 브랜드를 널리 알리기 위해 미래지향적 브랜드슬로건BI도 개발했다.

브랜드슬로건의 디자인은 제천의 자연을 상징하는 나뭇잎과 그 속에서 쾌적한 바람에 두 팔을 벌린 사람의 모습을 형상화해 'Healing City'의 의미를 담은 희망과 자유를 표현하고 컬러를 입혀 역동성을 나타냈다.

힐링은 이제 문화와 산업, 마케팅 등 전방위적으로 인용되는 가장 뛰어난 브랜드 가치이자 시대적 신드롬으로 인정받고 있다.

최근 힐링과 자연치유가 새로운 문화코드로 부상하고 있고 방송프로그램과 서점가에는 힐링이 대세로 자리 잡고 있다. 에스테틱 스파, 템플스테이 등 휴양관광상품과 식품, 패션, 화장품 등 광범위하게 힐링상품이 출시되고 있다.

이런 트렌드와 WHO한방건강도시, 국제슬로시티 인증 등 국제적인 인증과 조선시대 3대 약령시의 전통성 그리고 2010국제한방바이오엑스포의 성공적 개최를 통해 제천의 지역 브랜드 가치는 하루가 다르게 상승하고 있다.

인간은 자연 속에서 가장 편안하고 진솔해지는 존재다. 그런 면에서 청풍명월의 고장 제천이야말로 인간들을 가장 편안하게 만들어주는 최적의 조건을 갖춘 도시가 아닐까 싶다.

내륙의 호반 청풍호 주변의 아름다운 명소와 제천의 훈훈한 인정을 체험한 분들이라면 누구나 '힐링'을 체험할 수 있었다고 이구동성으로 말한다.

게다가 제천은 충북 제1호 슬로시티Slow City, Cittaslow로 인증받았다. 아시아 최초의 슬로시티로 완도 청산도가 선정되는 것을 보고 바로 인증절차에 돌입해 거머쥔 결과였다.

슬로시티는 전통이 잘 보존되고 전통 산업과 아름다운 자연경관 등을 고루 갖춘 곳으로 '느림의 철학'을 바탕으로 앞으로도 그 모습이 유지될 수 있는 곳들이다.

미국의 세계적인 햄버거 체인인 맥도날드의 패스트푸드와 효율지상주의라는 패스트 라이프에 반대해 시작된 슬로푸드 운동의 정신을 지역 차원으로 확대한 개념이 바로 '슬로시티'다.

초고속 인터넷과 휴대전화, 패스트푸드로 대표되는 현대사회는 더 빨리 먹고, 더 빨리 보고, 더 빨리 배우고, 더 빨리 반응하라고 자꾸만 재촉한다.

우리들은 이러한 과정에서 삶의 여유는 뒤로한 채 바쁜 일상에 쫓기고 근면하게 일에만 집중할 것을 강요 받으며 치열한 경쟁으로 내몰렸다.

하지만 정신을 차릴 수 없을 만큼 사회전반에 걸친 급속함과 빠름의 문화와 사고는 결국 성과주의에만 몰두하는 안이함과 부실공사를 낳게 됐고 이로 인해 백화점과 다리가 붕괴되는 뼈아픈 아픔을 겪어야 했다.

이제 우리는 경제적·물질적 풍요만이 행복의 전부가 아니라는 점을 깨닫고 삶의 '웰빙'을 위해 의식주 모두를 개선하고 진정한 의미의 행복을 찾으려 한다.

슬로시티는 서두르지 않고 자연의 시간에 맞춰 균형 있게 살아가자는 것이다. 생태, 환경, 맛, 전통, 문화 등의 가치를 유지하면서 여유롭게 살아가자는 데 동참한 슬로시티들은 오히려 관광산업이 발전하는 등의 좋은 점이 더 많다.

슬로시티가 되는 조건은 까다롭다.

인구가 5만 명을 넘지 않아야 하며 전통 산업, 슬로푸드와 아름다운 경관을 갖춰야 한다. 친환경에너지를 사용하고, 자전거도로 이용, 대형 체인점 및 패스트푸드 거부, 실외 자판기 최소화 등의 조건도 충족되어야 한다. 즉, 빠름과 경쟁보다는 느림의 가치를 유지하면서 살아갈 수 있는 곳이어야 한다.

슬로시티로 인정받은 수산면(오티)과 백운면(박달재 일원)에서는 느림과 여유의 미학을 즐길 수 있다. 아름다운 자연이 있고 시간이 멈춘 듯한 옛 모습이 잘 간직되어 있기 때문이다. 그곳에 머물면 자연에 시나브로 동화된 자신을 발견하게 될지도 모르겠다.

2013년 10월에는 제2회 세계슬로걷기축제를 개최했는데 3천여 명이 방문하기도 했다. 입지적으로 가깝기 때문에 서울시민들이 역시 많이 방문했다.

슬로시티 인증으로 지역가치가 상승하는 파급효과를 낳고 있다. 자연 환경과 문화, 주민 공동체 활성화 등 국제슬로시티연맹이 추구하는 도시 브랜드를 국제적으로 인정받은 것이어서 도시 브랜드 가치는 크게 상승할 수밖에 없다.

도시 브랜드 상승에 따른 관광객 유입, 다양한 사업 추진을 통한 지역경제 활성화 등 유·무형의 파급 효과를 낼 것으로 내다보고 있다.

가장 중요한 것은 인간이다. 주민들의 삶의 질 역시 크게 향상될 것으로 기대하고 있다. 각종 슬로시티 지원 사업이 집중되면서 지역민 소득 창출에도 기여하게 되었다.

슬로시티 인증에 따라 지역브랜드 슬로건을 기존의 '나이스 제천'에서 '자연 치유 도시'로 바꾸는 등 모든 시책 방향의 초점을 '슬로시티'로 정조준하고 있다.

천혜의 생태자원을 보유한 자연치유 도시 제천을 찾아오는 가족단위 체류객들이 점점 늘고 있어 자연형 리조트 시설을 많이 확충하고 있다.

산업지도를 바꾼
'한방'

제천은 인간이 생활하기에 가장 좋은 최적의 기후조건을 갖고 있다. 전국 두 번째로 일조권을 자랑하는 최상의 자연조건과 고품질 약초를 생산할 수 있는 최적의 토양 등은 제천을 하늘이 내린 약초의 고장으로 만들었다.

황기, 당귀, 작약 등의 약초가 재배, 생산, 유통되었고, 교통여건이 발달하기 시작한 해방 이후부터는 전국으로 확산되어 대구, 전주 등과 나란히 3대 약령시장으로 자리를 굳히게 되었다.

특히 황기는 제천에서 제일 많이 생산되는 약초로 석회암의 사질 토양과 일교차가 큰 기후조건에 의해 육질이 단단하고 저장성 및 약효가 뛰어나 전국의 약재상들로부터 호평을 받고 있다. 황기와 당귀는 현재 전국 생산량의 80%가 제천에서 유통되고 있을 정도로 제천의 주요 특산품으로 자리 잡고 있다.

제천약초시장 주차장 개장 및 문화관광형시장 선정 기념 축하공연 및 시민노래자랑

2005년 정부로부터 충북1호인 약초웰빙특구로 지정받았던 것은 매우 의미 깊다. 한방을 특화 브랜드로 내세우는 다른 지자체를 선도하기 위해 2010제천국제한방바이오엑스포를 개최했다.

한방산업은 제천시 미래 전략 사업으로 제천시가 새롭게 도약하는 데 반드시 필요한 것이다. 그런 만큼 한방에 대한 애정과 열정은 나와 시민 모두 다르지 않았다.

한방특화도시 제천의 대내외 이미지 홍보와 강력한 시정의지 표현을 위해 한방엑스포를 추진하면서 시장의 관용차량 번호도 1010으로 바꾸어 타고 다닐 정도였으면 짐작이 갈 것이다.

당초 기대한 105만 명의 예상 방문객을 초과한 136만 명이 방문하는 등 2010제천국제한방바이오엑스포를 성공적으로 개최한 이후 한방은 제천의 메인 산업구조를 획기적으로 바꾸었다.

행사가 끝났지만 한방의 과학화, 산업화, 세계화의 전진기지로 구축하고자 추진한 엑스포공원은 지역의 대표적인 랜드마크로 자리매김했다.

85,790㎡의 부지에 한방생명과학관, 국제발효박물관, 약초허브전시장, 공원박람회장 엑스포광장시설 등이 구성된 엑스포 공원은 한의약의 전시와 체험을 통한 복합문화공간으로 거듭났다.

한방바이오엑스포 이후에는 한방산업을 제천시의 성장 동력으로 육성하고자 한국보건산업진흥원에 의뢰해 '한방특화도시 2020프로젝트 중장기 계획'을 수립했다.

제천은 한방과 관련하여 산·학·연 클러스터가 고루 잘 갖추어져 있다. 정부의 전통의약산업센터를 비롯하여 한방바이오임상지원센터, 제천한방바이오진흥재단, 충북테크노파크 바이오센터 운영지원의 내실화와 글로벌 경쟁력 강화산업인 한방바이오산업의 집적육성을 위해 R&D, 제품개발 및 연구 수출지원등에 막대한 예산이 투입되고 있다.

2013년 지역특화발전특구 평가에서 전국 19개 지자체 중 '우수 지역특구'로 선정된 것은 당연한 결과라 할 것이다.

기존에 열렸던 한방건강 축제에서 한방바이오산업 육성과 지역경제 활성화에 도움을 주고자 2011년부터 한방바이오박람회를 매년 개최해 오고 있다.

다른 지자체에 압도적으로 한방 브랜드를 선점하고자 한방치유센터 3개소를 건립했으며, 고기능 한약재 LED약용작물연구소를 2015년까지 건립·추진 중에 있다.

제천약초의 브랜드 가치를 높이기 위해 우수한약재 유통지원 시설을 운영하고 세명대학교와 연계한 한방분야 산학 연계사업도 활발히 펼치고 있다.

이미 우수 한약재의 생산·가공 시스템을 잘 구축하여 제천산 우수 한약재를 미국에 수출하였다. 또한 한국인삼공사에도 지역에서 생산된 우수 한약재를 납품하는 성과를 거두었으며, 한방의 산업화를 촉진하기 위해 한방바이오 고기능 제품개발과 한방 융복합 연구도 지원하고 있다.

한방은 지역 관광업에도 영향을 주는 등 산업 생태계까지 변모시키고 있다. 지역특화 산업으로 성장하고 있는 한방산업을 문화·관광과 융합하는 작업을 추진한 것이다.

청정한 자연환경을 이용한 체류형 관광객 유치를 위하여 한방 명의촌 사업을 확대 조성하고 있다. 한방생태마을, 휴양리조트 등 웰빙과 건강, 휴양 개념의 기본인프라를 지속 확충하고 장기적이고 체계적인 프로젝트를 구상해 가고 있다.

한방다도체험, 약초비누 만들기, 약초향기주머니 만들기, 한방발 건강관리, 인삼화분 만들기, 족욕 및 반신욕, 녹색식생활체험, 약초탐구관 약초해설 등 다양한 한방 체험 행사로 머무는 한방휴양도시가 되도록 노력했다.

또한 한방비빔밥인 '약채락' 같은 제천지역의 약초를 중심으로 한 다양한 약선 요리를 개발하고, 책자를 발간하여 관광객에게

제천 한방자연치유센터(제3명의촌) 조감도

제천의 건강한 맛과 멋을 널리 알리고 있다.

한방과 관련한 일자리도 많아지고 지역경제도 점차 살아나고 있다. 제2산업단지에는 한방바이오, 신물질 생명공학, 의료기기 등 고부가가치 기업체들이 몰리면서 지역경제가 활성화되고 다른 산업에까지 연쇄 파급효과를 주는 등 제천의 산업지형이 바뀌고 있다.

나는 제천을 '성공경제도시'로 발전시키겠다는 열정으로 한방산업과 관련하여 투자할 기업체나 기관이 있다면 어디든지 달려가고 있다. 설령 해외라도 마찬가지이다.

전국 최고의 한방도시이자 건강휴양도시제천 브랜드는 이제 전세계로까지 이름 나 있다. 한방과 한약재에 대한 글로벌적 관심은 매우 뜨겁다. 서양의학이 해결 못하 는 각종 난치병과 희귀 병의 대안으로 한의학에 대한 활발한 연구가 이루어지는 풍조다.

2012 일본 기프트쇼와 중국 베이징에서 열리는 제2회 베이징 의약문화산업박람회 등 각종 해외 박람회 및 수출상담회 등에 참가해 한방제품 홍보에 열을 올렸다.

한방에 관심이 많은 중국, 필리핀에는 대형 옥외 광고물을 설치하여 경쟁력 강화를 추진했고 미국 로스앤젤레스에서 열린 한인축제에도 참가했다.

한방산업이 국내에 머무르지 않고 세계화를 위하여 FTA에 대응한 한약재 GAP사업을 확대 고품질화 하는 한편, 안전성이 확보된 한방상품 개발과 고부가가치 기능성화장품, 신약개발을 통해 경쟁력 증진을 도모하고 있다.

한방을 표방하는 시군이 우리 시를 포함하여 20여 자치단체가 됨으로 인하여 국내는 물론 세계로 진출하기 위한 경쟁은 치열하다 할 수 있다. 이러한 무한경쟁시대에 우리 시의 한방산업이 국내외의 다른 한방도시보다 비교우위를 선점하고, 비약적인 경제적 창출 효과까지 누리는 것에 이젠 아무도 반박하지 않는다.

약자들이 강자가 되는 능동복지도시

나는 사회적 약자에게도 친숙하게 다가가 공감대가 이루어질 수 있게 하는 시정을 펴기 위해 늘 노력했다.

약자나 강자는 상대적인 개념이다. 빈농의 아들이었던 나 역시 객관적인 스펙이 좋은 사람이 아니었다. 그런 점에서 나도 한때는 약자였음이 틀림없다. 하지만 그때 강자였던 주변인들의 도움을 받아 더 나은 사람으로 도약할 수 있었음을 잘 알고 있다.

나는 늘 내가 조금이라도 남보다 뭔가를 더 가져서 누리고 있다면 어려운 사람들을 향해 베풀리라 다짐하며 살았다.

내가 제창한 뉴새마을운동 전략에도 이런 사회적 약자들을 보호하고 지켜나가는 공동체 사회의 꿈이 담겨져 있다. 우리 주변의 약자들은 그저 시혜를 베푸는 대상이 아니라 함께 공존하고 발전해 나가야 하는 동행자들이다. 내게 여성과 아이들, 노인과 장애인, 다문화 가정 등이 그렇다.

능동적 복지로 건강한 복지도시를 구현하는 것이 꿈이다. '능동적 복지'란 공무원들이 가만히 앉아 찾아오는 이들만을 위한 일을 하는 수동적 복지가 아니다. '먼저 찾아가는 복지' '시민의 소리를 직접적으로 듣는 복지'를 말한다. 이를 위해 가장 먼저 희망 나눔 콜센터를 설치하였다. 시민의 소리를 직접적으로 듣겠다는 강한 의지의 표명이었다. 또한 '찾아가는 이동봉사' 운영으로 원거리에 위치해 상대적으로 복지서비스를 받지 못하는 오지 마을 주민들에게도 복지서비스를 제공하고 있다.

능동적 복지를 기초로 하는 복지정책은 전 시민이 함께 참여하는 정책이다. 상명하달의 복지가 아니라 직접 시민의 목소리를 듣고 개선하고 지원하는 능동적 복지이다.

여성의 복지

아내와 딸을 둔 가장으로서 나는 여성에 대한 관심이 많다. 미래사회의 경쟁력은 여성적인 감수성, 청렴의식, 창의성, 소통력과 공감력 등에 의해 좌우될 것이다. 그래서 여성을 배려하고, 여성인재를 키우는 시책에 대해 대단히 관심이 많다.

청풍명월 여성아카데미와 여성 지도자 리더십 교육을 실시하여 여권 신장을 도모하고 여성문화센터, 여성 새로일하기센터 등과 연계한 프로젝트를 운영하기도 했다.

아이 낳고 기르기 좋은 도시환경 조성을 위해 출산장려금과 진료비를 지급했으며 행복한 가정육성을 위하여 저소득 한 부모 가족지원, 건강가족 지원 사업을 확대해 나가고 있다.

여성친화적인 문화를 만들어나가는 데 시가 먼저 솔선수범하기로 했다. 제천시청 소속 임신 초기 여성공무원에게 5일간의 모성보호 휴가를 주도록 규정했다. 생후 1년 미만의 유아를 가진 여성 공무원은 하루 근무 시간에서 1시간을 육아를 위해 쓸 수 있다. 특히 초등학생 자녀를 둔 공무원에게는 연간 3일 이내의 특별휴가를 주도록 했다. 이 휴가는 운동회나 소풍 등 자녀의 학교 행사에 참석하고자 할 때 쓸 수 있다. 그동안 아기 양육이나 초등생 자녀 학교 행사 참석을 위해 연월차를 쓸 수밖에 없었지만, 이제는 유급 휴가를 사용할 수 있게 되어 여성 공무원의 사기가 크게 진작되었다. 가정에서 파생되는 근심걱정이 없다 보니 근무 시 의욕으로 선순환되는 면이 한눈에 잡혔다.

제천은 전국에서 여성 도서관을 최초로 만든 도시이기도 했다. 여성 도서관은 삯바느질로 돈을 모은 김학임(1997년 75세 작고) 할머니가 여성들이 공부할 수 있는 공간을 마련해 달라며 중앙로2가 땅을 제천시에 기증해 1994년 완공되었으며, 965㎡ 규모에 책 5만 권을 보유하고 있으며 동시에 160명이 이용할 수 있다.

최근 양성평등을 위해 여성전용공공도서관인 이곳을 남성에게도 일부 개방하긴 했지만 그럼에도 불구하고 이 도서관은 여성 관련 분야의 자료와 교육 프로그램 등 서비스가 특화되어 있다.

또한 시에서 기업을 운영하는 여성들을 초청하여 기업운영에 대한 애로사항 및 제도개선사항을 경청하는 자리도 종종 가진다. 여성기업인 우대를 위한 정부의 실질적인 지원 대책 중 시가 발 벗고 나설 수 있는 것부터 차근차근 해나가기 시작했다.

여성 기업인들의 생산성 보장과 아울러 여성기업인들이 기업하기 좋은 도시를 만드는데 심혈을 기울여야 지역 경제가 든든하게 다져질 거라 확신했다. 시와 기업뿐만 아니라 이 간담회에는 여성 시의원들도 참여하여 정치권이 지원해 줄 수 있는 대책을 함께 모색하기도 했다.

제천을 여성친화도시로 만들기 위한 발품도 마다하지 않았다. 대한민국 제1호 여성친화도시 익산의 노하우를 배우기 위해 실무진들이 찾아가 어떤 식으로 구현되고 있는지를 면밀히 살펴보고 돌아왔다.

이런 노력 덕분에 양성이 평등한 질 높은 생활 환경 기반 조성과 여성·아동이 안전하게 성장하고 생활할 수 있는 사회적·물리적 환경을 조성하여 여성친화도시로 선정될 수 있었다.

다문화 가정의 복지

도농복합도시인 제천시에도 다문화 이주 여성이 많다. 다문화 가족지원센터를 열어 그동안 다문화 가정을 대상으로 한국어·가족통합·취업교육과 문화·상담 등 다양한 분야의 프로그램을 실시해 한국생활에 빠른 정착과 안정을 위해 노력해 왔다.

현재, 제천시에 거주하는 결혼이주여성은 5백여 명이 넘는다. 청풍·수산·덕산·한수 등 남부지역에 거주하는 결혼이주여성들은 농사일에 바쁘고 이동거리가 멀어 한글교육에 참여하기가 어려운 실정임을 감안하여 찾아가는 한글교육을 시행하였으며 건강검진을 실시하기도 했다.

다문화 가정을 위한 국제마트 영업을 시작했다. 언어와 문화적 장벽으로 인한 다문화 가정의 어려움을 해소하기 위해 점포 내에 복사, 팩스, 택배 등의 서비스도 제공했다. 중국과 베트남 식품을 주로 취급하고 있으나 필리핀 등 점차 여러 나라의 품목으로 확장해 향수를 달래는 고향의 맛을 즐기는 데 도움을 주었다.

취업 욕구가 강하고 한국어 능력이 우수한 결혼이민자의 취업을 알선하여 실질적으로 가계에 도움을 주는 사업도 실시했다. 다문화가정 결혼이민자에게 요양보호사 자격취득을 위한 교육비를 지원해 결혼이민자들이 취업의 문을 향해 한발 다가설 수 있도록 알선해 눈길을 끌었다. 특히 이 사업은 제천산업단지에 입주한 기업이 후원한 것으로 지역사회와 함께하는 아름다운 모습을 보여 주변을 훈훈하게 했다.

이런 다문화 이주 여성들에 대한 지원 시책들은 충북다문화가족 '한마음 축제 다문화가족 수기공모전' 대상 수상, '향토음식경연대회' 이주여성부문 동상 수상, '우리는 하나 제1회 다문화 경연대회'에서 우수상 수상 등으로 대내외적인 인정을 받았다.

노인의 복지

우리나라의 고령화 속도는 세계에서 가장 빠르다고 한다. 그에 반해 경제적, 사회·문화적으로 대비를 하는 어르신들은 그리 많지 않은 것이 현실이다. 위풍당당하게 고령화 시대를 대비하는 노인 복지 인프라를 구축하기 위해 노력했다.

증가하고 있는 노인들의 복지구현을 위해 노인공동작업장 6개소를 설치하고 경로당 303개소에 대한 관리와 노인일자리 사업을 확대했다. 또한 2개소의 노인종합복지관, 노인대학, 노인교실을 통해 여가활동과 노인의 사회 참여를 확대해 나가고 있다.

노인 일자리의 현주소를 한눈에 볼 수 있는 '2013 제천시 노인 일자리 경진대회'를 제천체육관에서 열기도 했다. 경진대회는 노인 일자리 참여자와 수행기관, 노인 등 1천여 명이 참여해 일자리 상담과 노인이 직접 만든 제품을 선보였으며, 노인 복지서비스와 종합상담서비스 등 총 21개 부스를 운영해 참가 노인에게 생활에 유익한 정보를 제공하기도 했다.

노인도 당당하게 일할 수 있다는 분위기 조성을 위해 노인 일자리 창출 정책 심포지엄을 개최했다. 여기에서 수행기관과 지자체, 기업체, 참여자의 상호협력과 발전방안이 함께 모색되었다.

지역사회건강증진 및 공공보건의료를 강화하기 위해 다양한 시책도 추진하고 있다. 보건지소 의료장비 확충, 서울대학교병원 진료협력시스템 도입, 노인 보철 무료사업 확대 등 노인 질환에 대한 의료체계를 갖추어 나가고 있다.

사회적인 문제로까지 번지고 있는 노인치매 환자에 대한 시차
원의 대책도 수립했다. 부양가족의 경제적 부담을 경감시키고자
치매환자 주간보호시설 이용 일수를 확대 실시했다.

이는 보건소에 치매환자로 등록되어 있는 대상자 중 노인장기
요양 등급을 받지 못한 치매환자에게 주간보호시설에서 제공하
는 서비스를 받을 수 있도록 본인부담금을 지원해주는 사업으
로, 서비스 이용일수는 월 12일에서 20일로 확대 실시했다.

장애인의 복지

지역 장애인 사회참여와 평등권 실현을 위한 '장애인차별금지
및 인권보장위원회'를 가동시켰다. 장애인의 사회참여와 평등권
실현을 제도적으로 보장하고 이를 위한 조치를 강제하기 위하여
조례로 제정하였다.

제천시는 장애인 차별금지와 인권보장을 위한 사업 계획을 매
년 수립하고 있다. 또한 소속 공무원과 장애인 단체, 민간 사업
주 등을 대상으로 장애인 차별금지 교육도 실시토록 규정했다.

아울러 장애인 복지시설 운영지원 등을 통해 살기 좋은 생활
환경을 조성해 나갔다. 농아인 전용경로당을 설치하고 신백체육
공원 인근에 부지면적 2만 5,318㎡에 지하1층, 지상 2층 연면적
4,546㎡의 규모로 배구, 농구, 핸드볼, 배드민턴 등의 운동을 할
수 있는 다목적 장애인 체육관을 건립추진 중이다. 이로써 부족

한 장애인 체육시설을 확충하고 각종 체육행사를 유치, 장애인 권익을 증진할 수 있게 되었다.

노인과 장애인을 위한 배려에는 지역 상인들도 함께 동참했다. 48곳의 나눔 가게는 제천시에 거주하는 65세 이상 노인과 중증 장애인에게 이용 요금의 1천~2천 원을 깎아주는 업소다. 이미용 업소는 요금의 2천 원을, 음식점은 1인당 1천 원 이상을 할인해 주게 된다.

시는 나눔 가게로 지정된 업소에 원형 간판 지원과 시정 소식지 등을 통해 업소를 홍보했다. 나눔 가게에서는 제천시민은 물론 다른 지역에 거주하는 사람들도 동일한 혜택을 받을 수 있다. 나눔이 지역 상권 활성화에 기여하는 동력이 되고 있다.

장애인 복지를 위해 제천 지역 기업들도 동참하고 나섰다. 장애인 고용 확대를 위한 업무협약을 맺은 것이다. 협약식에는 우어패럴, 산들에푸드 등 9개 기업 관계자들이 참석하여 복지관과의 유대를 강화하면서 중증장애인 지원고용 업무에 적극 협력하기로 했다.

복지관과 기업이 함께 추진하는 지원고용 프로그램은 제천 지역 중증장애인들의 취업률과 삶의 질을 드높일 것으로 기대된다.

장애인을 위한 정책에는 장애인 가족들의 지원도 포함되어 있다. 제천 지역 장애인과 장애인 가족 지원을 위한 '장애인 가족 지원센터'를 설치했다. 제천시 의림동 옛 의림동사무소 청사에 둥지를 튼 센터는 장애인 상담, 사례 관리, 장애인 가족 지원, 조사 연구 등의 사업과 장애인 가족의 사회적 심리적 부담 해소 및 가족 능력 강화를 위한 프로그램도 개발해 운영하고 있다.

장애인 보호자 중 87.4%의 비율을 차지하고 있는 가족들의 장애인 부양에서 오는 경제적 부담과 스트레스가 최근 사회문제로 떠오르고 있다. 장애인 가족에 대한 경제적 사회적 부담을 줄여 장애인 가족 모두의 삶의 질을 개선하는데 노력하고 있다.

아동&청소년&저소득층의 복지

아동, 청소년에 대한 꿈을 키우기 위한 사업의 일환으로 청풍명월한마음축제, 청소년 문화축제, 어린이 한마음큰잔치를 통해 어린이 및 청소년의 사회참여를 확대시키는 한편 청소년 문화의 집, 청소년 상담실, 지역아동센터 운영과 맞춤형 아동급식 '꿈자람 카드'를 확대 운영하였으며, 저소득층 아동을 대상으로 구강검진도 실시했다. 저소득층 자활사업을 통한 일자리 13개 분야 제공과 공공일자리 사업 제공을 통해 저소득층을 위한 맞춤식 일자리 정책을 지속적으로 펼쳐나가고 있다.

지역사회건강증진 및 공공보건의료를 강화하기 위해 보건지소 의료장비 확충, 서울대학교병원 진료협력시스템 도입, 노인 보철 무료사업을 확대 추진하고 있으며, 한의약 공공보건사업인 한방진료실 운영과 한의약 건강증진 프로그램 운영, 구강 보건사업, 찾아가는 순회 무료진료 실시를 통해 만성질환자와 건강관리가 취약한 계층에 대한 체계적 관리제도를 도입 운영하고 있다.

관내 장례업체 관계자들과 장례지원서비스 업무협약을 체결하여 유족이 없거나 생활형편이 어려운 기초생활수급자가 장제비 지원금으로 장례를 치를 수 있도록 했다. 저소득층 노인과 장애인을 대상으로 무료 의치 지원 사업을 실시하고, 안질환으로 시력상실이 우려되는 노인을 대상으로 개안수술비와 치료비를 지원했다. 또한 저소득 가정의 경제적 부담을 덜어주고 영양관리를 통해 출산안정과 영·유아 건강관리에 큰 도움을 주기 위한 저소득대상자 '보충식품영양관리사업'도 실시했다.

민간의 도움조차 받지 못하는 복지사각 지대에 놓인 저소득층에게 생활 안정 기금을 지원했다. 시는 실질적인 소득이 최저생계비 이하로 생활이 어려운데도 기초수급자와 같이 공적인 지원을 받지 못하는 저소득층 주민에게 생활안정기금을 지원하는 내용을 골자로 한 조례를 제정, 시행하고 있다.

시민의 주거 불편사항을 해결하기 위해 운영한 '친서민 생활고충 민원처리 기동대'는 높은 호응을 받고 있다. 전기와 건축설비 분야 3년 이상 경력을 갖춘 기간제 근로자들로 구성된 '친서민 생활고충 민원처리 기동대'는 연간 1,500건에 달하는 각종 생활불편 민원을 신청 받아 처리했다. 기동대가 처리한 민원은 전기시설 교체, 수도꼭지나 배관 교체, 창문 고쳐주기, 간단한 조경수 전지작업 등이다.

기동대는 기초생활수급대상자, 차상위 계층, 65세 이상 저소득 홀로 사는 노인 가구에는 집수리에 드는 재료비를 10만 원까지 년 1회 무상으로 지원해 주고 있으며, 일반 가정에는 본인이 재료비를 부담하는 조건으로 개인 주거생활의 불편을 해결해 주고 있다. 아울러 농촌지역의 주민을 위해서는 기동대가 매월 1차례 읍·면을 방문해 민원을 처리하고 있다.

이렇듯 제천에서는 약자들이 강자가 되도록 선제적이고도 능동적인 복지정책을 다양하게 펼치고 있다.

친서민 생활고충민원처리 기동대와 함께

사통팔달
성장 골격 키우기

제천은 철도(중앙선, 충북선, 태백선), 고속도로(중앙, 동서), 국도(36, 38호선), 국지도(82호선)가 지나는 사통팔달의 요충지다. 이런 이유로 제천은 태백권 관문이자 수도권과의 근접성이 좋고 사통팔달의 교통망을 가진 철도교통중심지이자 중부권 최대의 물류, 교통의 중심지로 자리 잡을 수 있었다.

하지만 70~80년대 호황을 누렸던 광업과 시멘트 산업이 퇴조하면서 낙후되고 시대에 뒤처진 도시가 되어 안타까움을 자아냈었다. 그러나 한방특화산업 육성을 통해 제2의 도약을 준비하고, 가시적인 성과도 내고 있어서 다행이다.

관광과 물류가 원활히 이루어지면 제천은 경제성장 도시로 웅비할 수 있다.

그러기 위해서는 사통팔달의 제천의 입지를 좀 더 원활하게 만들 수 있는 교통기능을 보강해야 할 필요성이 크다.

교통과 같은 기반 인프라의 완벽한 구축은 향후 관광도시, 청정환경 및 건강휴양도시, 기업친화도시로 커 나가기 위한 가장 기본적인 요건이다.

가장 시급한 것은 제천~원주구간 복선전철화와 제천~쌍용 구간 복선전철화 사업을 실시하는 것이다. 철도는 친환경적인 교통수단이고 에너지 효율성이 높아 다른 교통수단보다 우월한 위치에 있다. 우리가 추구하는 저탄소 녹색성장 산업을 견인할 수 있는 유일한 교통산업이 철도다.

제천~쌍용 구간은 2013년 11월 14일 계획공정보다 1년 앞당겨 준공되었고, 제천~원주 간 중앙선 복선전철 사업이 완료되면 수도권과 중부권, 경상권의 운행시간이 단축되고 접근성이 개선되어 우리시가 중부내륙권의 휴양관광도시로 성장할 수 있는 발판이 마련될 것이다.

선로용량이 하루 47회에서 127회로 늘고 운행시간은 15분에서 7분으로 줄어 시멘트와 철도 수송이 원활해지고 물류비를 크게 절감할 수 있다.

늘어나는 중앙선 화물 수송 수요에 대비하고 중앙선이 지나는 내륙지역 개발도 촉진하여 지역발전의 견인차 역할을 할 것이다. 그동안 제천~원주 중앙선 복선전철화 사업을 당초 계획인 2018년보다 1년 앞당겨 준공할 수 있도록 국비확보에 힘써왔다.

태백선 복선전철

　제천시가 산업·농공단지에 입주한 기업의 무역 활동을 돕기 위해 코레일과 손잡고 철도 물류기지를 건설하기로 했다. 이 물류기지를 만들게 되면 왕암동 제1·2산업단지와 6개 농공단지에 입주한 120여개 기업에 많은 도움이 될 것으로 기대된다.

　천남동 제천 조차장역 내에 만들어지는 길이 357m, 폭 22m의 철도 물류기지에는 컨테이너 야적장(6,500㎡)과 일반 하치장(3,100㎡)이 들어선다. 한국철도공사와 영동권 물류사업단이 이 사업에 9억 원을 내고, 시는 진입로를 닦는다.

　물류기지가 완성되면 자동차 부품 등을 실은 월 980개의 컨테이너가 철로를 통해 부산항으로 쉽고 빠르게 옮겨져 입주 기업의 물류비 절감 등의 효과가 기대된다.

이웃 원주시와 연계하여 중앙선 폐선 부지를 활용한 관광활성화도 도모하기로 했다. 신림역~봉양역 간 12㎞에 대해 레일바이크 조성 및 터널 내 4D 영상시설을 도입하고 봉양역 인근에는 산림욕장을 만드는 등 기타 관광활성화 방안을 협의하기 위해 원주시와 2013년 12월 27일 제천~원주 연계관광 활성화를 위한 업무협약을 체결했다.

또한 쾌적하고 안전한 최상의 도로개설을 위해 청풍대교~연금리조트간 4차선 확·포장 공사와 신동교차로~조차장간 위험도로 개선사업, 도시계획도로개설을 통해 편리하고 쾌적한 도로환경을 조성해 가고 있다.

하지만 안타까운 것이 하나 있다. 지난 2000년에 착수된 평택~삼척 간 동서고속도로의 추진이 난항을 겪고 있다. 2008년 12월 음성구간 개통에 이어 2013년 8월 12일 충주까지 개통되었으며, 제천까지는 2014년 준공을 목표로 추진되고 있으나 제천에서 삼척구간은 국가기간교통망계획에 등재되어 있을 뿐 실행계획은 없는 것으로 나타났다.

나는 제천에서 삼척까지 123.2km에 이르는 동서고속도로를 조속히 착수해 줄 것을 대통령직속 지역발전위원회를 방문해 건의문을 전달했다. 이 자리에서 제천이 국가개발에서 항상 소외돼 왔던 점을 피력하고 사업이 조속히 시행될 수 있도록 배려해 줄 것을 요청했다. 이 동서고속도로는 경기도와 강원도 남부지역을 수도권과 연결하는 중요한 교두보 역할을 수행할 뿐만 아니라 전국을 한나절 생활권으로 형성하는 데 크게 기여할 것이다.

동서고속도로의 개통은 사통팔달 요충지로서의 제천의 교통기능을 되찾게 해주어 성장의 골격을 더욱 키울 수 있는 터닝포인트가 될 것이다.

관광객
1천만 명 시대를 열다

『동국여지승람』에 제천을 가리켜 '하늘 아래 첫 동네로 골골이 맑은 바람 시원한 공기가 흐르는 청정한 지역'이라는 표현이 나온다. 제천은 도시를 벗어나면 모두 계곡을 가진 천혜의 자연 자원을 가진 지역이다. 농산물 브랜드인 '하늘뜨레'가 생뚱맞게 나온 것이 아니다.

관광추진단을 본격적으로 꾸렸다. 문화관광부에서 관광도시로 지정되면 지원금을 받을 수 있다. 관광 인프라 등 여건은 우리가 만드는 것이지 가만히 있는다고 주어지는 것이 아니다. 나는 뭔가를 구상할 때 하나만 생각하는 것이 아니라 멀티Multi로 생각하는 편이다. 예를 들어 관광도 분절된 사업 하나씩을 추진하는 것이 아니라 통합적인 관점에서 연계 사업들을 같이 추진하는 형태다.

제천은 의림지와 청풍호, 박달재라는 관광의 삼각구도가 형성되어 있다. 이 청풍호권, 의림지권, 박달재권의 삼각구도를 잇고 확장시킬 수 있는 관광사업들을 추진했다. 삼한의 초록길, 그린 케이블카와 모노레일 설치, 자드락길 개설, 25억 들인 오토캠핑장 조성, 수상비행장 조성, 반야월 기념관 건립, 리솜 리조트 운영 등은 서로가 연계되어 있는 사업들이다. 공모에 당선된 수상비행장의 경우 대한민국 최초로 시도되는 것이다.

아무리 천혜의 자연자원을 갖고 있다 하더라도 업그레이드시키려는 노력을 하지 않으면 그 빛을 발할 수가 없는 것이다.

이태리 로마와 피렌체, 베니스는 조상 잘 만나서 1천 년 이상 관광으로 잘 먹고살고 있다. 사막 밖에 없던 내몽골은 사막을 대단위 테마공원으로 조성해 연간 수천만 명이 찾는 관광지로 탈바꿈시켰다. 3차 산업인 서비스업의 경쟁력이 얼마만큼 중요한지 잘 보여주는 대표적인 사례다.

'굴뚝 없는 산업'인 관광 사업은 창조경제 시대를 맞아 미래의 새로운 먹을거리로 각광받는 영역이다. 역사, 문화, 예술, 콘텐츠, 정보기술IT 등 모든 분야의 역량이 총체적으로 결집되는 대표적 융·복합형 산업인 관광산업이야말로 일자리 창출과 고부가가치 창출이 가능한 분야이다. 일반적으로 관광산업의 취업유발 계수는 제조업의 2배, IT산업의 5배에 달하는 것으로 알려져 있다.

하지만 좋다고, 유망하다고 무턱대고 여기저기 지자체가 뛰어들지만 제대로 하지 못하면 손해를 보는 것이 바로 관광 사업이다. 하지만 내가 생각하기에 제천은 중부 내륙권 최고의 관광 도시로서의 면모를 다양하게 갖추고 있다. 그 첫 번째는 뭐니 뭐니 해도 천혜의 자연 경관들일 것이다.

사방이 관광지고 유적지인 의림지를 비롯한 제천10경과 내륙의 바다 청풍호 주변의 명소는 그 자체만으로도 소중한 어메니티amenity다.

제천은 시내에서 자동차로 5분만 벗어나도 쉽게 산과 계곡을 만날 수 있는 힐링시티의 요소들이 많다. 한국관광공사가 선정한 대한민국 '가족 체험 여행'의 최적지로 당당히 이름을 올릴 수 있었던 요인이다.

제천에서는 일본인 관광객을 비롯한 외국인 관광객들을 찾아보는 것이 그리 어려운 일은 아니다. 하지만 처음부터 이게 쉬웠던 것은 아니다.

사실 제천은 국토 중부 내륙에 위치해 그동안 외국인 관광객의 발길을 끌어들이는 게 쉽지 않았다. 국토의 중심부에 있다고 하지만 자연경관 외에 특별히 체험할 만한 관광 상품이 없었기 때문이었다.

청풍호반과 월악산, 금수산 등 천혜의 자연환경이 있지만, 사람들이 1박 이상 머무르며 관광하는 것은 드물다는 사실에서 어떻게 하면 끌어들일까 생각했다. 사람들이 머무르며 자연환경을 즐길 수 있도록 체류형 관광개발을 고심하게 된 이유다.

관광 사업은 감동을 파는 사업이다. 잠재자원의 성격에 어울리는 소프트웨어를 개발해야 한다. 창조적인 기획이 관건이다. 관광 사업에서 양적 성장에 걸맞은 질적 성장을 이루기 위해서는 고부가가치 관광 상품을 개발해야 하는 후속 과제가 늘 남아있다.

최근 천혜의 자연경관을 자랑하는 청풍호반이 각광을 받고 있고, 여기에 제천이 한방웰빙, 영상문화 관광 휴양지로 부상함과 동시에 여러 가지 체험형 관광을 할 수 있는 관광환경을 만들어 나가고 있어 새로운 관광지로 부상하게 된 것이다.

좋은 예로 청풍호 자드락길과 관광모노레일 개장에 힘입어 관광객 1천만 명을 돌파할 수 있던 계기가 되었다. 7개 구간 58km를 가진 청풍호 자드락길은 청풍호와 접해있는 산자락을 따라 아름다운 청풍호의 풍광과 맑은 바람을 체험하며 걷는 테마길이다.

자드락길은 나지막한 산기슭의 비탈진 땅에 비스듬히 나 있는 좁은 길을 가리킨다. 특히 청풍호 자드락길을 감아싸고 있는 청풍면-수산면은 제천 청풍호 물길 100리 중 호수를 중심으로 수려한 경관과 최적의 수변 여건을 갖춘 곳이다.

새가 알을 품고 있다가 먹이를 구하려고 비상하는 모습을 형상하고 있는 비봉산 일원에서 펼쳐지는 매혹적인 관광 모노레일은 왕복 3km를 12대가 운행한다.

이 모노레일은 제천시가 산촌지역의 풍부한 산림과 휴양자원을 활용한 소득원개발을 통해 낙후된 산촌을 살기 좋은 마을로

비봉산 모노레일

발전시키기 위해 추진한 사업이다.

더불어 체험관광객들이 약 1시간여 동안 모노레일을 타면서 월악산 전경과 사슴, 염소 등 동물들을 관람할 수 있게 노선이 구획되어 있어 이용객들의 만족도가 크게 향상되었다.

청풍호 관광모노레일을 타고 청풍호반을 구경하려는 외국인 관광객들이 눈에 띄게 증가하고 있다. 청풍호유람선관광, 청풍호 자드락길 힐링 걷기, 청풍랜드의 케이블코스터(하강) 체험과 번지점프, 빅스윙, 이젝션 쉬트 등을 즐기는 외국인 관광객도 많이 증가하는 편이다.

2014년 착공에 들어가는 청풍호 그린케이블카 조성사업, 청풍호 수상비행장 조성, 청풍호 국민여가캠핑장 조성뿐만 아니라 지역의 랜드마크화 할 수 있는 삼한의 초록길 조성에 나섰다.

청풍호 그린케이블카 조감도

제천관광의 획기적 전기를 마련하고 중부내륙권 최고의 관광 도시로 도약하기 위해 '청풍호 그린케이블카'가 완공돼 본격 운행에 들어갈 경우 연간 1백만 명 이상이 이용할 것으로 추산하며 이를 통해 제천시 관광산업이 획기적 전기를 마련할 것으로 기대하고 있다.

그린케이블카는 청풍문화재단지에서 비봉산 활공장까지 2.6km 구간을 운행하며, 민자 약 370억 원이 투자된다.

삼한의 초록길은 2013년 12월 기공식을 가지고 모두 150억 원이 투입되며 사업기간은 2012년부터 2016년까지다.

의림지에서 새터까지 폭 35m의 생태녹색길 2㎞와 시민광장 약 3만㎡를 조성하는 역사와 문화, 교육, 관광이 어우러진 명품 길이 될 것이다.

제천시의 관광자원 개발은 지난 2000년부터 시작돼 그 역사가 깊지는 않지만, 다방면으로 추진해왔고, 현재도 계속되고 있다.

그 예로 국내에서 가장 높이(162m) 물줄기를 품어 올리는 청풍호 수경분수를 지난 2000년 4월부터 가동하고, 번지점프장(2002년)도 지자체 최초로 조성했다. 2009년에는 청풍호산악체험장을, 2010년에는 하강체험장(케이블코스터)을 조성하고, 전국 내륙 호수 중에서 최초로 청풍호 수상레저 사업을 추진하고 있다.

우리나라 최고最古 의림지에는 역사박물관을 건립할 계획이며 박달재에는 반야월 기념관을 세워 다양한 체험형의 관광지로 거듭날 수 있도록 추진하고 있다.

문화예술 행사 역시 중구난방으로 하지 않고 규모가 큰 것 4개만 선별하여 실시하고 있다. 요즘 지자체마다 앞다투어 축제를 개최하기 바쁘다. 하지만 고만고만한 축제로는 지역주민과 관광객에게 감동을 줄 수 없다.

세계적인 축제인 세계 최대의 맥주 축제, 뮌헨 맥주 축제처럼 유구한 전통은 지키면서 주민과 관광객이 함께 즐기며 끊임없이 새로운 것과의 조화를 추구하는 정신을 담은 축제여야 한다.

고품격 문화를 계승·발전시키기 위해 지역의 대표 4계절 축제인 '청풍호 벚꽃축제' '제천국제음악영화제' '제천의병제' '의림지 동계민속대제전'을 세계규모의 축제로 승화시키고자 노력하고 있다. 시는 아예 문화예술행사를 전담할 '문화예술위원회'도 만들었다.

청풍호 벚꽃길

봄에 청풍호에서 피는 벚꽃 축제에는 많은 사람들이 몰린다. 추운 날씨 탓에 진해 벚꽃 축제보다는 보름 정도 늦게 제천에서 벚꽃이 만개하기 때문에 3~4일 동안의 축제 기간에 30만 명 이상이 몰리곤 한다.

호반길 따라 12km가 넘는 고목의 벚꽃이 상춘객의 마음을 설레게 한다. 꽃길이 길다 보니 나무마다 피는 시차도 조금씩 달라 꽃을 즐길 수 있는 기간도 길어 더 즐겁다. 청풍호를 둘러싼 환상의 관광코스도 개발했다.

서울역이나 청량리역 등 전국 어디에서나 기차 타고 제천역까지만 오면 청풍호를 순환하는 버스로 청풍문화재단지, 청풍호 관광모노레일(사전 인터넷 예약 필수), 산야초마을, 옥순대교, 자드락길, 금수산 등 청풍명월의 절경을 만끽할 수 있다.

여름에 하는 '제천국제음악영화제'는 화려한 전야제 등 다양하게 업그레이드된 형태로 펼쳐져 영화 애호가들과 관광객들의 눈길을 사로잡는다. 영화제 개최 10주년을 맞이한 2014년에는 더욱더 유명 영화제로써의 위상을 뽐낼 계획이다.

가을에는 의병제와 한방바이오박람회가 있다. 특히 의병제는 내가 문화공보담당관을 하고 있을 때 1회 개최를 기획한 것이라 내게 있어서 더 의미 있는 행사다.

제천의병제는 을미의병이 최초로 제천에서 일어난 것을 기념하여 매년 10월에 개최하는 행사다. 역사적 가치를 높이고 역사를 재조명하는 것을 기본 방향으로 하고 있어서 관련되는 많은 지자체의 주목을 받았다.

내가 퇴임한 후 흐지부지 변해버렸던 의병제를 부활시키는 것도 모자라 2013년에는 전국 의병제를 유치하여 성대하게 열었다. 의병의 날인 6월 1일 삼군의장대 등이 장엄한 군악 연주를 선보이는 등 화려하게 식을 치뤄 지역민들한테 큰 문화적 자긍심을 심어줄 수 있었다.

겨울에 하는 의림지 동계 민속대제전의 처음 이름은 '의림지 겨울 페스티벌'이었는데 그나마도 3년간 중단되어 시민들로부터 잊혀져가고 있던 상태였었다. 그러나 특색 있는 4계절 축제를 만들기 위해 겨울축제를 되살릴 필요성이 제기되어 축제 이름을 공모했는데 생각 외로 마땅한 것이 없었다. 할 수 없이 내가 작명

제3회 의병의날 기념식

했던 '의림지 동계 민속대제전'이라는 타이틀을 사용한 축제는 개최되자마자 첫해부터 커다란 주목을 받았다.

스케이트, 썰매 등 겨울 스포츠를 즐길 수 있고, 얼음 위 팽이 치기와 투호, 알몸 마라톤 대회, 공어 낚시와 먹기 대회뿐만 아니라 풍물놀이, 한울림 합창단, 비보이, 국악한마당 등 공연행사로 관람객들에게 즐거움을 선사하고 있다.

국제 슬로시티 인증은 물론 '자연치유도시'라는 도시 브랜드의 인지도 상승으로 더 많은 외국인 관광객을 유치하기 위해 한방명의촌 의료관광체험, 한방 화장품 만들기, 약초 베개 만들기, 한방떡 만들기 체험 등 다양한 한방 체험 상품을 계속해서 개발하고 있다.

한방특화도시 명성과 발전 기반을 굳건히 하기 위해 한방명의촌(2곳 완공, 1곳 추진 중)을 잇따라 개장하고, 한방 약초 비빔밥 브랜드인 '약채락(약이 되는 채소를 먹으면 즐겁다는 뜻)'을 개발해 민간에 보급시켰다.

고급형 숙박 시설과 한방음식점을 확장하는 한편, 모범음식점을 중심으로 다국어 메뉴판을 정비해 외국인 관광객의 편익을 도모했다.

이처럼 관광자원 개발에 공격적으로 나선 결과 2012년 제천지역 관광명소를 찾은 관광객이 1천만 명을 넘어서는 등 제천시가 중부권 최고의 체험 관광지로 입지를 굳혀가고 있다.

제천한방자연치유센터 건립과 함께 대만 자본을 통해 추진되고 있는 청풍호반 한중 의료단지 조성사업 역시 괄목할 만한 성과다. 글로벌적인 투자까지 끌어들인 것은 세계적 명품도시로서의 도약에 필수적인 것이었다.

그런 노력의 결과 제천시는 친환경 관광개발과 사계절 문화 축제, 한방과 휴양 모두를 즐길 수 있는 명품 힐링도시로서 자리매김할 수 있게 되었다.

비수기를 모르는
스포츠의 메카

제천시는 최근 스포츠마케팅을 관광산업에 접목시켰다. 스포츠 마케팅이 지역 상경기 활성화에 큰 도움을 주고 있다. 스포츠는 경제적 부가가치가 매우 높은 산업이다.

관광산업과 연계된 지역개발의 촉진 등 직접적인 경제 파급효과 또한 크다. 대외적으로 지역의 지명도를 높이고 이미지 향상을 가져와 지역발전의 장기적인 기반을 마련하는 데에도 효과적이다. 지역민의 연대 및 공동체 의식을 형성하는 도구로 활용할 수도 있다.

지자체가 스포츠 마케팅에 올인하는 것은 이윤을 극대화하고 상경기를 살리려는 이러한 스포츠 비즈니스 현상 때문이다.

세계적으로 스포츠 마케팅으로 성공한 도시가 있다. 페루의 산악트레킹을 비롯해 호주와 뉴질랜드의 서바이벌 스포츠, 캐나다의 스키 투어, 필리핀과 자메이카의 해양 스포츠 등이 그렇다. 이러한 도시의 이벤트는 단순히 그 지역에 국한된 사업이 아니다.

국가 차원에서 상업화가 가능한 분야를 선택해 집중적으로 키우고 있다. 관광 비수기를 극복하기 위한 행사로 스포츠만한 것도 없다.

공무원 재직 시절 체육과장을 했고, 제천시 체육회 가맹단체 연합회장을 맡았던 경험 때문인지 이런 스포츠 마케팅에 대한 노하우와 경험이 꽤 축적돼 있는 편이라 자부한다.

체육과장으로 부임하자마자 내가 제일 먼저 한 일이 배드민턴 전용구장을 전국 최초로 만든 것이었다. 처음 받은 7억이라는 터무니없는 예산을 갖고 일을 할 수 없었던 나는 지역 국회의원을 만나고 도청을 드나들면서 발품을 판 끝에 시비 7억을 제외한 총 30억을 따와 배드민턴 전용구장을 건립할 수 있었다.

내륙의 바다, 청풍호 주변에 2004년 4계절 잔디의 청풍명월 국제하키장을 개장하면서 명실상부한 하키의 인프라를 완비하기도 했다. ‘충청북도 생활체육문화축제’를 개최하고, 세계최초 한방엑스포를 치른 시민의 저력을 바탕으로 ‘제49회 충청북도 도민체전’에서 종합 3위에 입상하기도 했다.

힐링과 건강의 도시라고 대내외적으로 알려져 있는 제천의 명색에 숟가락 하나 더 얹어도 되는 타이틀이 생겼다. 생활체육의 저변이 넓고 다양한 스포츠 대회 유치실적과 개최경험이 풍부한 스포츠 도시!

공동체 의식 형성에도 도움을 주고 제천시민의 역량을 결집하는 동력이 될 수 있다는 생각에서 나는 적극적으로 스포츠 인프라 확충에 신경썼다.

2013년부터 장애인 체육관을 만들고 있고, 국제경기를 할 수 있는 돔 테니스장도 2013년에 준공식을 가졌다. 3년여에 걸쳐 총 55억 원을 투자해서 조성된 하소 생활체육공원과 같이 많은 주민들이 어울려 활용할 수 있는 크고 작은 생활체육공간을 비롯하여 신동의 대단위 테니스장, 봉양축구캠프장, 고암동 대중 골프장 등 다양한 체육시설 조성에 박차를 가하여 나가고 있다.

스포츠 마케팅을 통해 전국규모대회 128개를 유치(2010~2013년)하여 지역경제활성화와 시민의 건강증진을 위해 노력했다. 축구경기, 수상경기, 족구경기를 비롯한 수많은 전국 규모 체육경기와 패러글라이딩대회, 제16회 아시아산악자전거 대회 같은 이색 대회를 유치하기도 했다. 충북을 연고로 하는 스포츠토토 여자축구단을 우리 지역 봉양 건강축구캠프장에 입촌시키기도 했다.

스포츠 행사 유치는 지역경제에 막대한 파급효과도 가져왔다. 예를 들면 한창 여름 휴가철인 8월에는 제천 시내가 텅텅 비어있곤 했었다. 그 틈새에 전국 중등 축구대회를 유치했다. 276개 팀이 참가한 대회에 총 2만여 명이 제천시를 들락거렸다. 잘 알다시피 자녀들이 참여하는 행사는 으레 부모와 조부모, 심지어 이모 등 가족들이 대규모로 이동하는 행사가 되기 마련이다.

제천 시내 숙박시설에 방이 없어 인근인 단양군과 영월군까지 투숙객이 몰리는 바람에 해당 지자체장이 무척 반가워했다는 후문도 있었다.

용역 결과, 한 달 동안 제천에서 먹고 자며 리그전을 치루어 176억 원의 경제효과, 304억 원의 간접효과를 가져온 것으로 나타났다. 스포츠가 돈이 되고, 살아있는 경제효과를 즉각적으로 시민들에게 느낄 수 있게 하는 알짜배기 관광산업이라는 것이 여실히 드러나는 순간이었다.

스포츠 활성화를 위해 시장기 대회도 23개 종목으로 늘렸고, 전국 어머니배구대회나 전국 테니스 대회 등 전국대회도 30종이나 유치하기도 했다. 시청 직장운동경기부도 그동안 육상부만 있었는데 체조부, 사격부, 탁구부를 추가 창단·운영하고 있는데 그 결과 2013년 충청일보 시군대항 역전마라톤 대회 일반부 우승과 종합 준우승, 2013년 전국 종별체조대회 단체종합 3위와 개인종합 3위, 2013년 제43회 봉황기 전국사격대회 여자 일반 더블트랩 개인 2위 등 많은 수상실적도 쌓아나가고 있다.

비즈니스 프렌들리
성공경제도시

"지역경제가 살아나야 가정이 화목해지고 나라도 부강해진다."

이는 평소부터 내가 가지고 있던 소신이다.

기업하기 좋은 도시에 희망이 있다. 일자리와 도시의 부를 창출해주는 기업은 명품 도시의 핵심요소다. 명품도시에는 일류기업이 있고 명품도시에서 일류상품이 만들어지며 더불어 그 도시의 미래가 만들어진다.

미국의 실리콘밸리, 프랑스의 니스, 일본의 도요타 등 명품 경제도시들의 면면을 봐도 한 지자체의 신성장동력이 될 수 있는지의 여부는 우량 기업의 유치에 달려있다.

제천은 지역의 신 성장 동력 산업으로 글로벌 경쟁력을 갖춘 한방바이오산업 육성, 우수약초 생산기반 조성, 향토 산업 육성 등을 통해 한방산업의 지지기반을 견고히 다졌으며 자동차 부품

산업 클러스터의 사업자 선정을 비롯하여 2012년~2016년 동안 2백억 원을 들여 제2산업 단지 내 관리동에 임대공장을 건립하는 등 자동차 부품 산업 클러스터를 육성하고자 노력하고 있다.

제천시 왕암동에 조성된 제2산업단지는 순조로운 분양률을 보이고 있다. 2013년 말 기준 모두 37개의 기업을 유치해 13개 업체가 가동 중이며 24개 업체가 착공 또는 설계 중에 있다.

IT, BT 등과 함께 자동차부품, 한방바이오업종 유치에 중점을 두고 있으며. 각종보조금 지원을 통해 입주, 투자, 고용환경을 확대해 나가고 있다.

또한 양화농공단지, 제3지방산업단지의 조기 조성으로 우수기업을 유치하기 위한 전담부서를 설치하고 대외활동을 강화하고 있을 뿐만 아니라 자동차부품산업 클러스터 육성사업 등을 통해서도 기업유치에 올인하고 있다.

사실 중부내륙권의 거점 성공경제도시로 성장하기에 제천은 그리 여건이 녹록한 편은 아니었다. 그래서 제일 먼저 생각한 것이 기업들을 찾아 나서기 전에 기업들이 먼저 스스로 찾아올 수 있을 정도로 비즈니스 프렌들리한 도시로 만들자는 것이었다.

제천에 입주한 기업은 갑을 관계에 있는 것이 아니라 우리 시와 함께 가야 할 파트너이자 동반자로 보고 그들을 최대한 지원할 수 있는 방향을 모색하기 시작했다.

우리 시는 파격적인 조건을 내걸며 '기업 모시기'에 팔을 걷고 나섰다. 지역경제를 살리는 데 무엇보다 고용효과가 큰 기업을 유치하는 것이 제일 관건이고 첩경이다.

하지만 전국의 모든 자치단체들이 기업유치를 화두로 내걸고 유사한 지원책을 내놓고 있는 현실에서 제천이 경쟁력을 갖기 위해선 시장인 나부터 진정성을 가져야 한다고 생각했다.

제2산업단지에 우수기업을 유치할 수 있도록 먼저 전국의 기업유치 대상업체를 면밀히 분석했다. 아울러 우량 기업체를 직접 방문해 우리 시의 교통과 환경 등 발전 잠재력을 홍보하고 법이 허용하는 한 입주 인센티브를 최대한 지원해 나가고 있다.

제천 바이오밸리에 우수기업을 적극 유치하고 가동기업에 대해선 중소기업육성자금 종합지원 등 산학기술지원을 아끼지 않는다. 새로 유치한 기업의 전입 직원들에게 가족당 1백만 원의 정착 지원금을 주고 있다. 또 셋째 자녀부터는 5백만 원을 추가해 자녀가 3명인 5인 가족의 경우에는 9백만 원의 지원금을 받을 수 있다.

산업단지 토지 분양금을 파격 할인하는 등 대형 기업 유치에도 열을 올리고 있다. 대형 기업을 유치할 경우, 중소기업들이 함께 유치되는 효과가 있기 때문이다.

이에 따라 시는 고용인원 1백 명 이상, 투자 금액이 3백억 원 경우에는 전체 토지 분양금의 10~20%를 할인해 주고 또 입지 불리지역에 입주할 경우에 분양가의 30%를 할인해 공급하고, 2천억 원 투자 기업에는 20년간 부지 무상 제공 등의 혜택을 주기로 했다.

그뿐만 아니라 1차 자체 폐수처리시설 비용의 일부 보조, 평택~충주~제천 간 동서고속도로 2014년 개통, 신월동 미니복합타운 건설 등 대규모 공동주택 공급에 따른 정주 여건 개선 등의 인센티브를 제시했다.

제천시의 특별한 기업유치 비법을 개발하기 위해 나와 공무원, 주민 모두가 하나가 되어 뛰었다. 기업과 긴밀한 스킨십을 갖고자 노력하는 행정이 발달할 수밖에 없었다.

서울의 한 호텔에서 수도권 기업을 대상으로 투자 유치설명회를 여는 등 공격적인 마케팅도 펼치고 있다. 재계와 금융계에 진출한 지역 출신 인사와 제천지역의 기업 CEO 등 45명을 초청해 '제천시 투자유치자문단'으로 위촉하기도 했다.

시는 이들의 다양한 인맥과 정보, 조언을 통해 투자 유치 활동에 적극 활용했다. '기업유치 홍보 TV CF'를 제작하여 적극적으로 홍보하기도 했다.

제천시기업인협의회 사무실을 개소하여 제천의 경제를 견인하고 있는 기업인들과 소통할 수 있는 기회를 확대했다. 우수기업유치와 대규모 SOC사업의 차질 없는 추진, 정부예산 확보를 통한 지역현안문제 해결, 문화관광과 한방산업도시로서의 입지확보 등 더 새로운 제천, 더 잘사는 제천, 더 행복한 제천 만들기를 위해 그들과 격의 없는 대화를 해나가고 있다.

시는 경제 활성화를 위하여 기존의 관행과 틀을 벗어나 창의적이고 역동적인 자세로 예산을 집행하고 일자리를 창출하기 위해

투자유치 설명회

노력하고 있다. 특히 시민들의 피부에 와 닿는 경제시책 발굴과 제도개선을 위해 최선을 다하고 있다.

지역경제 활성화 종합대책회의를 통하여 우리 시가 추진하고 있는 각종 경제관련 시책들을 소상히 설명하고 경제 활성화와 지역발전을 위한 고견도 청취했다. 지역경제 활성화 분위기 조성을 위한 경제정책 시민설명회 개최, 지역경제 살리기의 날 운영 등을 통해 경제 살리기에 모든 주민들이 동참할 수 있는 기회를 만들어 경제발전에 대한 주민 공감대를 이뤄나갔다.

기업이 유치될수록 지역경제가 살아나고 도시는 더 다이내믹한 활기를 되찾는다. 제천시 시설공사계약 특수조건을 개정해 시가 발주하는 관급공사에는 인력 채용 시 지역주민의 비율을 50% 이상 의무적으로 고용하도록 했다. 이는 8천여 명의 일시 일자리를 창출하는 효과를 낳았다. 거기에 슈퍼조합공동물류센터를 건립하여 관내 소규모 점포의 물류비용 절감에 기여하였다.

이런 경제살리기 시책으로 인해 제천시에서는 기업과 인구의 유입이 꾸준한 증가세를 보이고 있다. 경제인구가 늘어남에 따라 제천시도 자신감 있게 '사람이 모여드는 제천 만들기'에 주력할 수 있었다. 네 차례에 걸쳐 사할린동포들을 영주 귀국시켰다. 세명대와 대원대 학생들의 전입, 도시민들의 귀농 및 귀촌 등도 인구증가에 한몫했다.

출산 축하금 및 장려금 지원, 보육환경 개선, 교육경비지원 확충, 인구유입 인프라 구축, 기업하기 좋은 환경 만들기, 농어촌 주거환경 개선 등도 펼쳤다. 제천시의 인구증가시책에다 제1, 제2산업단지 내 투자유치활동, 외지인들의 일자리 마련 등으로 인구 증가폭은 가파르게 늘고 있다.

전방위적 투자유치를 위한 해외 세일즈에도 적극적이다. 이젠 지방자치단체도 편협한 사고와 고정관념의 틀을 깨고 글로벌마인드로 무장해 지구촌을 향해 뛰어가야 한다.

제천이 돈과 기업, 인재가 몰려드는 '구심력의 도시'로 기반을 튼튼히 하는 것도 중요하지만 전 세계의 도시와 손잡고 제천에서 만든 상품을 글로벌 무대로 내보낼 수 있는 파워를 갖춘 '원심력의 도시'로의 변신을 하루바삐 꾀할 수 있어야 한다고 생각한다.

'원심력의 도시'는 '글로벌 도시'다. 글로벌 무대에 자금을 투자하고 인재를 육성해 전 세계로 내보내 국부창출에 앞장서는 도시가 되어야 '글로컬리티' 시대에 생존할 수 있다.

한방제품의 해외 공략에 공을 들이고 있다. 일본 오사카 닛코호텔에서 열린 2013년 제천 한방기업 일본 수출상담회는 한방산업의 대일 수출 시장을 새롭게 확보할 수 있는 교두보로 보고 있다.

일본 현지 바이어 1백여 명이 참여한 상담회에 참가한 15개 한방기업은 149건의 상담건수에 2,800만 달러 규모의 수출 상담을 진행했고, 이 중 1,400만 달러 규모의 수출이 성사되었다. 이 수출상담회가 열리기 전인 지난 2013년 9월 28일부터 10월 3일까지 일본 바이어를 초청해 제천을 사전 홍보한 바 있었다

2011년 9월 21일부터 7일간 〈미국 로스앤젤레스 한인축제〉를 방문하여 제천의 우수한약재를 홍보하고, 미국의 한의과대학으로는 가장 역사와 전통을 자랑하는 명문대학인 사우스 배일로 한의과대학과 제천산 한약재를 실험용으로 사용하는 상호 우호증진을 위한 업무협약을 체결하였다.

이로써 제천산 한약재의 새로운 판로를 개척하였으며, 해외 시장에서 제천산 한약재의 성공 가능성을 확인하고 왔다.

우수한약재와 한방제품을 전 세계 어디서나 신뢰하고 구입할 수 있도록 글로벌 경쟁력을 강화하고, 제2지방산업단지에 한방식품, 제약, 화장품, 의료기기 등 한방기업을 유치하여 일자리 창출과 지역경제 활성화에 기여하도록 모든 노력을 기울여 나갔다.

비록 지금 조금 고되더라도 성공 경제도시의 풍성한 결실을 다함께 맛보기 위해서라면 나와 공무원들, 주민, 기업들 모두 인내

할 수 있다. 그 열매의 달콤함은 우리 몫이니까…….

기업하기 좋은 여건을 계속 만들어가는 한 제천은 앞으로도 많은 기업들의 성장요람으로 각광받을 것이다.

전통시장은
변신 중!

어떤 도시에 갔을 때 그 도시를 가장 잘 이해하기 위해 가보라고 하는 곳이 있다. 바로 시장이다. 시장은 지역의 문화와 풍속이 가장 많이 집약된 곳이다. 그곳에는 특산물도 있고, 사람이 있고, 색다른 언어와 풍습이 있다.

우리 제천시는 태백권의 관문으로 철도를 중심으로 한 산업과 상업도시로 성장하여 시장 상권도 발달된 도시였다. 하지만 안타깝게도 대형마트와 SSM(기업형 슈퍼마켓) 등의 영향으로 전통시장들은 큰 어려움에 직면했다.

지역자금의 외부유출로 자금의 선순환구조가 파괴되면서 전통시장은 물론 지역경제는 더욱 어려움을 겪고 있다. 설상가상 시간이 흐르면서 노후화된 시설과 마구잡이로 설치된 각종 간판, 시장 골목을 가로지르는 낡은 전깃줄, 화장실이나 고객지원센터의 미비 등으로 고객들의 발길은 점점 더 줄어들었고, 상인들의 한숨은 더욱 늘어만 갔다.

전통시장을 제대로 품고 활성화시키는 지자체만이 성공적인 상경기를 되살릴 수 있다. 나 역시 '전통시장과 골목경기가 살아야만 지역경제가 살아난다'라는 대명제 하에 지역 상경기 활성화를 위한 여러 시책을 펼쳐 나갔다. 이런 시책에 가장 먼저 동조한 것은 바로 상인들이었다. 전통시장 상인들 중심으로 '변해야 산다!'라는 인식이 불길처럼 번졌고, 시가 펼치는 여러 시장 개혁에 자발적으로 동참하기 시작했다.

이렇듯 전통시장과 소상공인들이 더 많은 변화와 노력을 보이지 않고는 유통시장에서 경쟁력 확보가 어려운 것이 지금의 현실이다. 그나마 변신을 모색하기 시작한 전통시장들에 다시 활기가 되살아나고 있는 것은 매우 고무적인 일이다.

전통시장은 그 자체로 좋은 관광 인프라가 되기에 충분하다. 지역관광자원과의 연계 개발을 통해 지역 특산물을 브랜드화하고, 주변 관광자원과 연계한 문화·관광 콘텐츠가 속속들이 개발되고 있다. 관광 상징물을 만들고 각종 교육·컨설팅·홍보·마케팅 등의 지원을 통해 지속가능한 발전을 도모하고 있다.

그동안 시에서는 낙후된 시장의 시설현대화로 이용객 편의를 제공하는 것은 물론 주차시설확충, 아케이드 설치, 고객지원센터와 문화공간 조성, 러브투어, 경영현대화사업과 상인교육 확대 등 시장의 활력을 되찾기 위한 많은 노력을 해 왔다.

덕산전통시장 가을맞이 대잔치

2010년에서 2013년까지 실시한 전통시장연계 러브투어는 총 541회였고, 74,313명이 다녀간 것으로 집계되었다. 러브 투어는 관광과 함께 전통시장에서 쇼핑을 하도록 제천시가 2008년 도입한 프로그램이다.

제천시는 역전한마음 시장과 제천약초 시장을 2015년까지 문화관광형 시장으로 육성하고, 이를 통해 지역 경제를 활성화시킬 예정이다. 문화관광형시장 육성사업은 중소기업청에서 '전통시장 성공 프로젝트' 일환으로 전통시장 육성에 필요한 공공시설, 편의시설과 판매시설 등을 현대화하는 사업이다.

제천 경제의 한 축이 되어 약초, 건강, 휴양, 관광 등과 연계한 녹색산업 육성으로 시장 활성화를 도모하고 있는 약초 시장 역시 변화 없이는 지탱할 수 없었다.

역전한마음시장 토요장터

도매위주의 판매 전략에서 탈피하여 정보화시대에 부응하는 새로운 판매 전략이 강구되어야 하고, 소비자들에게 보다 편리하게 이용할 수 있도록 환경과 서비스를 개선하여 소비자의 신뢰와 경쟁력을 키워나가는 것이 무엇보다 중요할 것이다.

특히 시장의 고유한 문화와 특성을 발굴, 스토리텔링으로 개발해 다양한 먹을거리, 즐길 거리, 볼거리, 살거리, 체험거리 등을 조성해야 한다.

역세권의 공동화 현상으로 낙후됐던 제천 역전시장이나 약초시장이 활기를 되찾아 2013년 중소기업청의 문화관광형 시장으로 선정되기도 했다.

하드웨어와 소프트웨어의 변화도 중요하지만 휴먼웨어의 변화도 매우 중요하다. 우리 지역 전통시장으로는 처음으로 내토시장에 상인대학을 개강하고, 내토시장을 찾는 고객들의 편의 증진을 위하여 고객지원센터를 건축했다.

지역의 상 경기 활성화와 전통시장 현대화를 통한 공생을 위하여 제천사랑 상품권 이용을 확대했고, 비제로 시책의 정착을 위해 노력했다. 비제로 시책은 내가 민선5기 시장으로 취임하면서 우리 시의 첫 번째 경제시책으로 발굴하여 추진해 오고 있는 사업이다.

비제로 시책은 '비용이 없다'는 뜻의 합성어로 지역 업소에서는 매출 증대 효과를 얻고 시민은 아파트 관리비와 수도요금을 차감받음으로써 가정 경제에 도움이 되는 신개념 포인트 제도다. 이는 중소상인들에게는 매출을 증대시킬 수 있는 기회를 부여하고, 아파트에 거주하는 시민들은 아파트 관리비를 차감해 주며, 단독주택에 거주하는 시민들은 수도요금을 차감해 줌으로써 시민과 영세 서민들의 가계 부담을 덜어주는 좋은 시책이다. 그동안 가맹점과 회원을 모집하고, 수도요금 차감 시스템 개발 등 제반 준비를 착실히 하여 관리비와 수도요금을 차감 받고 있다.

2012년 전통시장 경영평가에서 전국 최우수를 차지했던 내토 전통시장이 또 한 번 변화를 꾀하기 시작했다. 문화를 접목한 전통시장 활성화 시범사업인 '문전성시 프로그램'을 본격적으로 가동하기 시작했다.

문전성시는 전통시장 가치를 널리 알리기 위해 예술과 시장을 연계한 문화·예술 활동으로 진행한다. 전통시장 내 방송국과 프리마켓, 토요시장 페스티벌, 볼 장 다 본 전시회, 시장 소식지 발행, 시장체험학교 등의 프로그램으로 운영하고 있다. 시장 내 유휴 공간을 활용해 문화 배움터를 열고, 지역 문화예술인이 강사로 참여하고 있으며 요가와 기초데생, 서예, 난타와 문학 등 생활 속에서 필요한 총 24개 강좌를 무료로 진행하고 있다.

문전성시 프로그램 진행으로 한 주간 4백~5백 명의 고객이 내토전통시장을 방문하고 있으며 이런 노력 덕분에 2013년 10월 내토시장은 전통시장 활성화 수준평가에서 대통령상을 수상할 수 있었다.

부농 신화를
전파하다

나는 취임 때부터 누누이 '농업과 농촌이 살아야 제천이 잘 사는 도시가 될 수 있다'는 말을 입에 달고 살았다. '농촌이 더 잘사는 도농복합도시 추진'을 중요한 시정과제로 내세운 이유는 도농복합도시인 제천의 농촌 현실이 상당히 어려워졌기 때문이다.

제천에 사는 모든 농업인들이 성공 부농신화를 쓸 수 있기를 간절히 소망하는 또다른 이유 하나는 내가 가난한 농부의 아들이었기 때문이기도 하다.

요즈음 우리농업과 농촌은 밖으로는 농산물 시장개방 가속화에 직면하고 있다. 안으로는 농업경영 개선과 경쟁력을 강화해서 무한 경쟁사회에서 살아남을 수 있는 농업을 육성해야 하는 중차대한 시점에 서 있다.

FTA 수입개방에 따라 120억 원의 농업보조금을 지원하고 농업인에게 전문기술 실용화교육을 실시하는 등 특화된 농업경쟁력을 높이는 데 주력하는 제천시만의 농업정책을 만들어야 한다.

어려운 여건 속에서도 우리농업을 유지하고 발전시키기 위해서는 지역의 기후와 토질에 적합하고 특색 있는 품목을 개발하고 농촌 환경 변화에 따른 새로운 지역특산물을 육성하여 경쟁력 있는 대응이 필요하다.

최근 국제적으로도 농업환경이 많이 변화되고 있다. 우리나라도 도시민들의 농촌체험관광에 대한 수요가 많아지고 있다. 농촌을 쾌적한 삶의 공간으로 기능을 회복시키고 소득증대를 도모하는 일은 중요한 과제이다. 농촌 관광자원 보존과 부존자원의 부가가치를 증진하여 환경개선과 활력화를 위해 힘쓸 때다.

하지만 요즘 농업 부문도 현대화와 브랜드, 특화가 이뤄지지 않으면 도태할 수밖에 없는 환경을 맞고 있다. 현대화를 위해 봉양, 백운, 덕산, 수산, 한수, 화산 등 면소재지 종합정비사업을 실시했다. 용두산송학 · 비단금성 · 박달재벽운 농촌마을 종합개발사업, 청풍지구 농어촌 테마공원을 조기에 마무리하고자 노력하고 있다. 농업기술의 혁신을 위해 강소농 육성 사업을 펼치기도 했다.

제천시가 2011년부터 품목별로 혁신역량을 갖추고 경영목표를 지속적으로 달성하고 농업경영체 육성을 위해 추진하는 강소농 육성 사업은 현재까지 4백 여 농가를 선정해 품목별로 전문교육을 추진했다. 고소득 작목을 생산하는 데서 그치는 것이 아니라 가공, 유통까지 확대하여 농업인 소득안정과 정부의 역점사업인 농업의 6차산업화의 핵심 작목으로 키워나갈 계획이다.

축산업과 수산업에 관련된 현대화 사업으로는 축산용퇴비사 지원, 친환경한우축사 10개소 신축뿐만 아니라 가축전염병예방, 공동방제단 운영, 구제역차단 및 매몰지 관리가 있다. 내수면 인공산란장 설치, 수산종묘매입방류, 외래유해어종 구제 사업을 강화해 나가고 있다.

또한 작목의 생산비 절감과 현대화를 위해 공동집하장 건립, 컨베이어벨트 퇴비 살포기, 고압펌프, 트랙터 등 구입으로 지역특성에 맞는 특화작물을 집중 육성하여 제천시의 농업경쟁력 강화는 물론 돈 버는 농업육성을 꾀하고 있으며, 농기계임대은행도 추가 확대해 나가고 있다.

제천시는 브랜드 경쟁력을 높이기 위해 '하늘뜨레'라는 농특산물 공동브랜드를 개발했다. 2012년 10월24일 제17회 농업인의 날 행사가 열리는 야외음악당에서 '제천시 농·특산물 공동브랜드 선포식'을 가졌다.

'하늘뜨레'의 의미는 '하늘 아래 첫 뜰에'를 줄여서 쓴말이다. '하늘뜰에'를 연음법칙으로 발음하여 보다 친숙하게 만들어 졌다. '하늘뜨레'에서 '뜨레'는 높이 뜬다는 경상도 사투리로 '제천시 농·특산물이 인기가 높아 하늘 높이 뜨네'라는 염원을 담고 있다.

시는 새롭게 개발된 제천시 농·특산물 공동브랜드인 '하늘뜨레'를 각종 농·특산물에 사용하여 브랜드경쟁력을 높였다. 2013

년에 3개 품목의 특화브랜드 농업을 육성하고 체계적인 유통을 통해 농가소득 증대에 힘쓴 결과 2013년 고객행복 브랜드 대상에 선정되기도 했다.

이미 농·특산물 및 가공식품 등 125개 품목에 대해 상표출원을 마쳤다. 현재 제천하늘뜨레 농산물로는 오이, 브로콜리, 복숭아, 사과 등이 있는데 가락동시장, 구리청과 등을 통하여 전국적으로 출하되고 있으며 지역농협의 품질책임검사와 엄격한 품질관리 및 깔끔한 공동포장재 사용과 공동출하로 높은 가격을 받는 등 농가소득 증대에 크게 기여하고 있다.

이번 수상 외에도 제천 하늘뜨레는 여성소비자가 뽑은 '2013 프리미엄브랜드대상'의 지자체 농·특산물 공동브랜드부문 대상을 수상하기도 했다.

제천이 갖고 있는 그린 프리미엄을 농업 분야에서도 적극적으로 활용할 필요가 있다. 친환경 먹거리 생산 및 유통 확대를 위하여 친환경 농업기반 조성, 친환경 농업단지 육성을 확대하는 한편 농산물 유통 저장시설, 농산물 유통지원시설, 특산물 판매촉진 지원 사업을 펼치고 있다. 또한 과실전문 생산단지 기반조성과 과수고품질시설현대화 사업도 가속화하고 있다.

제천시는 2012년 조직개편에 따른 인사를 앞두고 전국최초로 친환경농업팀장 직위를 공모한 바 있다. FTA 등으로 어려움을 겪고 있는 농업분야를 경쟁력 있는 특화산업으로 육성하고 전문

하늘뜨레 프리미엄 브랜드 대상 시상식

분야별로 발전시키기 위한 방안으로 과를 확대·개편하는 등 농업분야를 육성할 전문 리더발굴 시스템을 가동한 것이다. 친환경 농업분야 육성을 위해 열정적으로 일할 사람을 공모를 통해 임명하고 실적에 따라 최우선 승진기회를 부여할 예정이다.

농가뿐만 아니라 축산농가에도 친환경의 바람이 불었다. 2012년 7월 제천시의 농장 2곳이 농림수산검역검사본부로부터 '정부 최초로 산란계 동물복지농장으로 인증 받았다. 공장형 사육으로 발생하는 문제점을 개선하고, 특성화된 축산물을 생산하는 전략으로 농가소득 증대를 꾀하고 있다.

동물복지 축산농장 인증제는 2012년 3월 20일 처음으로 시행한 제도로 높은 수준의 동물복지 기준에 따라 동물을 사육하는 농장에 대해 사양방식, 시설 등 모든 생산단계를 국가가 인증하는 제도이다. 인증시설에서 생산되는 축산물은 동물복지 축산농장 인증마크를 표시하고 판매할 수 있다. 무항생제, 유기계란 등이 시중에서 2~3배 높은 가격에 거래되는 것을 감안하면 이보다 높은 가격으로 거래가 가능할 것이라는 게 전문가들의 분석이다. 동물복지형 축산농장으로 농가의 경쟁력이 확보되어 안정된 소득과 귀농하고자 하는 사람들에게 기회를 제공하게 될 것이다.

이런 노력 덕택에 제천시는 2012년 농수산식품부 주관 광역친환경농업단지 조성사업 지역으로 선정되는 등 친환경농업의 메카로 부상하고 있다.

한국농어촌공사와 협약을 맺어 전국 최초로 '체류형 농업창업지원센터' 조성을 추진하고 있다. 제천 관내의 귀농·귀촌 인구가 점차 늘고 있는 추세임에도 그동안 귀농·귀촌 관련 단체가 없어 귀농·귀촌인들이 지역적응에 어려움을 겪어 왔을 뿐만 아니라 지역민과의 갈등이 발생하는 사례가 있었다. 이 사업은 귀농·귀촌하고자 하는 도시민들의 막연한 두려움을 없애고 안정적으로 관내에 정착할 수 있도록 도와주는 체류형 농업창업지원센터를 2014년 말에 완공할 예정이다.

시는 체류형 농업창업지원센터를 도시민들 중 귀농실행단계에 있는 예비 농업인을 대상으로 일정기간 가족과 함께 체류하면서 농촌이해·농촌적응·농업창업과정에 대한 실습 및 교육을 체험할 수 있는 One-Stop지원센터로 조성할 것이며, 각종 정책적인 지원을 통해 관내로 이주하고자 하는 도시민들을 적극적으로 유치하고 귀농·귀촌협의회에서는 귀농·귀촌하는 도시민들이 쉽게 지역에 적응하도록 도움을 줄 예정이다.

빠른 노령화가 진행 중인 제천에서 이 사업이 완료되면 젊은 귀농인들의 유입을 촉진하여 인구늘리기 시책에도 일조를 할 것으로 기대된다.

하지만 농촌이 지속적으로 발전하기 위해서는 '두레'처럼 우리 선조들이 지향했던 공동체적 협동의식이 기반이 되어야 할 것이다. 미래 사회는 서로 공조하지 않으면 살아남지 못한다. 국가와 국가가 공조하고, 국가와 지방이 공조하고, 지방과 지방이 공조해야 한다. 농촌도 다른 지자체의 농촌들과 공조하여 정보를 교류하고 선진기술이나 기법을 전수받아야 한다.

농업 역시 우물 안 개구리 식의 시야로는 더 나아갈 수 없다. 농업은 더 이상 1차 산업만이 아니라 생산과 가공, 유통, 체험관광까지 결부시킬 수 있는 고부가가치 산업이다. 뿌리산업, 생명산업인 농업이 몰락하면 인류는 살 수 없다.

한때 쇠퇴의 길로 가고 있다는 철도산업이 선진국을 비롯한 여러 외국에서 다시 부흥을 맞이한 것과 같이 쇠퇴 산업으로 분류한 농업 역시 새로운 르네상스를 맞이하려면 일신, 우일신의 마음으로 새로운 기법과 판로를 부지런히 개척해야 할 것이다.

세대를 아우른 힐링과 영상음악

제천의 주요 산업으로 내세우고 있는 '한방'과 '치유'의 코드에 조금 올드한 세대가 주목하고 있다면 또 다른 전면에 배치한 '영상음악'은 좀 더 젊은 세대를 유인하기 위한 코드다.

제천시는 이렇게 신구 세대를 아우르는 산업들을 전진배치하여 다양성의 효과를 누리고 있다.

박달재, 천등산, 의림지, 청풍호반, 박달가요제가 중장년을 위한 상품이라면, 올해 9회째를 맞는 '제천국제음악영화제'는 젊은 세대를 위한 히트상품으로 자리 잡았다.

제천국제음악영화제는 2005년 '물 만난 영화, 바람난 음악'을 캐치프레이즈로 태동한 국내 유일의 휴양 음악영화제이다.

2014년에 10주년을 맞이하는 JIMFF는 제천을 상징하는 문화 아이콘이자 제천시의 여름 대표 축제로 자리매김하고 있다.

제9회 제천국제음악영화제 개막식

영화제 간판 프로그램 '원썸머나잇'은 1년을 꼬박 기다리는 광팬이 생겼을 정도로 '마니아층'이 두텁다.

관광객 유치 성과도 상당하다. 상영관과 가까운 중앙시장에 마련된 프로젝트에도 젊은이들로 붐볐다. 캠핑과 영화를 동시에 즐길 수 있는 '짐프캠프'도 인기를 끌었다. 2013년에는 캠프 장소를 공연이 열리는 의림지로 옮겨 '접근성'과 '숙박난 해소'의 두 마리 토끼를 잡았고 의림지 홍보에도 한몫을 톡톡히 했다는 평가를 받았다.

제천 전통시장인 '중앙시장 프로젝트'를 영화제 기간 동안 진행해 중앙시장 상인들의 친밀도 및 매출 증가에도 기여하고 있다. 원스톱 숙박 패키지인 '바람불어 좋은 밤'도 큰 반향을 일으켜 양과 질적인 면에서도 고른 성장을 하고 있다는 평가를 받고 있다.

해외 영화 출품작도 매년 늘었다. 이는 이 영화제의 해외 인지도가 꽤 많이 상승한 것을 반영한 결과다. 단순히 지역민만의 축제로 끝나는 '동네 잔치'가 아닌 명실상부한 글로벌 영화제로서도 손색이 없다는 평가다. JIMFF는 매년 1백여 편의 음악 영화들을 엄선해 관객들에게 선보이고 있다.

앞으로도 제천 시민들을 위한 다양한 프로그램의 내실화도 기할 방침이다. 그 일환으로 올해부터 제천영상미디어센터에서 지역 주민들을 위한 상영회를 진행하여 명실상부 관광객과 지역민이 함께하는 축제로 거듭나고 있다.

국제음악영화제를 주최하는 제천시의 도시 브랜드 가치 제고에도 크게 기여했다. 영화제의 위상을 가늠하는 '바로미터'인 유명 배우와 음악·영화 감독의 참석도 해마다 늘고 있으며 개막식에도 정부 관계자 등 VIP들의 격이 높아지는 등 그 위상이 해를 거듭할수록 높아져, 음악영화제로서의 정체성과 대중성을 모두 아우르며 두 마리 토끼를 잡았다.

매년 영화제를 찾는 '단골 손님'들도 눈길을 끈다. 김동호 부산국제영화제 명예집행위원장, 임권택 감독, 김유진 감독, 이춘연 영화인회 이사장, 배우 임하룡, 안성기, 강수연, 예지원 등이 어김없이 제천을 찾는다.

영상도시로서 거듭나기 위한 시 차원의 여러 발품들은 다양했다. 2012년 10월 아시아·태평양 방송연맹ABU 총회를 개최하기도 했다.

이 총회 환영만찬에서 나는 산과 호수가 어우러지는 풍광과 더불어 1950년대부터 현재에 이르는 다양한 건축물과 풍경이 영화촬영의 중요 도시로 각광을 받고 있는 제천을 자랑하며 적극적인 행정지원을 약속했다.

제천이 대한민국 영상산업의 세계화를 선도하는 곳으로 자리하기 위해 2년 간 공들여 2013년 제38회 세계영상위원AFCI 총회를 유치하기도 했다.

2011년 9월 미국 LA에서 열린 세계영상위원회 총회에 참석했던 나는 제천에도 이런 국제적인 행사를 유치하면 좋겠다는 생각을 했다.

만찬자리에서 나는 당시 회장인 메리넬슨 여사에게 유치 의사를 피력했다. 회장단 측은 "고려해 보겠다."라는 의사를 밝혔지만 불안했다. 결정권이 있는 이사회의 생각이 다를 수 있었기 때문이었다. 아시아 국가에서는 총회가 단 한 번도 열리지 않았다는 우려 때문이었다.

제천은 당시 인구 6백만 명의 멕시코시티와 막판까지 경쟁을 펼쳤다. 멕시코는 미국 인접국이라는 장점이 많았다. 지지 세력도 많아 불리했다.

그렇지만 대한민국, 제천은 투표 결과 이사회 유효 득표를 넘는 8표를 얻는 데 성공했다. 유치 활동 2년 만에 이룬 쾌거로 나와 공무원들, 시의회, 제천지역사회가 똘똘 뭉쳐 이뤄낸 성과였다.

세계영상위원회

　2013년 9월 29일~10월 2일 동안 제천 청풍리조트에서 열린 세계영상위원회 총회는 설립 38년 만에 처음으로 아시아 국가에서 열렸기에 더욱 뜻깊은 행사가 될 수 있었으며 세계 63개국 5백여 명이 참여하는 국제적인 행사이기도 했다.

　세계영상위원회는 영상 제작을 지원하는 기관인 각국의 영상위원회를 하나로 묶어놓은 조직이다. 현재 전 세계 5백여 개 도시에 영상위원회가 있다. 그중 350여 개 영상위원회가 세계영상위원회 회원이다.

　우리나라에는 현재 전국에 9개의 영상위원회가 있고, 이 가운데 제천을 비롯해 서울, 부산, 인천, 경기, 전주가 세계영상위 회원이다. 인구 14만 명에 불과한 제천의 청풍영상위원회는 2010년 세계영상위에 가입했다.

세계영상위원회Association of Film Commissioners International 약칭 AFCI
는 1975년 미국 뉴욕에서 설립됐다. 초창기에는 미국과 캐나다 중심의 영상위원회 조직이었지만 현재는 63개국 350여 개의 영상위원회가 가입한 글로벌 조직으로 몸집이 커졌다.

많게는 수백 명에 달하는 제작팀의 숙식을 해결하는 것에서부터 각종 장비 임대 등 다양한 촬영 지원이 임무다. 영상위원회는 해당 도시와 국가의 브랜드 향상, 지역상권에도 크게 기여하고 있다.

아시아에서 처음, 그것도 인구 14만 명의 대한민국 충북 제천에서 개최되었다는 것은 엄청난 의미를 내포한다. 2013년 1월 30일 서울에 준비단을 꾸려 8개월 간 국·내외 초청팀, 홍보팀, 프로그램팀, 커뮤니케이션팀 등 5팀별로 행사를 준비했다. 월드스타 배우 이병헌 씨를 홍보대사로 위촉했다.

첫날에는 칸느영화제 심사위원과 베니스영화제 감독상, 대한민국 문화부 장관을 지낸 이창동 감독이 기조 연설에 나섰고 블록버스터 영화 '배트맨' 시리즈의 제작자 마이클 우슬란 등 세계 유수의 영화인들이 대거 한국을 찾았다.

세계영상위원회 총회는 문화관광부 지원사업이다. 국가가 인정한다는 의미다. 총회를 통해 영상문화의 도시 제천은 국제 무대에 이름을 알리는 기회가 되었다. 동시에 '국내 영상산업의 세계화'를 선언하는 무대가 되었다.

이번 총회 개최로 국제영상관광산업 도시로서의 잠재력과 인프라를 갖추고 있다는 것을 확인할 수 있었다.

이런 영상관련 산업의 기초는 스토리텔링이다. 제천은 스토리텔링의 소재가 풍성한 곳이고 또한 스토리텔링으로 많은 것을 얻을 수 있는 곳이다. 사람을 자연으로 고치고 치유하는 좋은 약초와 멋진 호수와 물을 가지고 있는 등 전설에 나오는 곳으로 상상하고 스토리텔링화시키는 것은 지극히 영상적인 느낌이다.

대한민국의 글로벌 경쟁력을 업그레이드 시켜 줄 고부가가치 산업 중 하나가 영상이다. 앞으로는 영상이 제천 관광의 '키포인트'로 자리 잡기에 충분해 보이는 이유다.

꿈과 희망이 입주한
'제천학사'

인재를 키우고자 하는 제천시의 노력은 치열하다. 인재육성을 통한 지역발전을 이루기 위해 2008년 설립한 제천시 인재육성재단이 범시민 운동을 통해 장학기금 1백억 원 규모의 재단으로 성장할 수 있었던 배경에는 14만 시민들의 열망과 헌신적인 성원이 있었기에 가능했다.

지역과 사람을 키워나가는 희망 재단으로 인재육성재단은 꿈을 가진 제천시민 모두에게 든든한 동행자로 역할을 다할 것이다. 이미 많은 사업도 벌여나가고 있다.

창조적인 교육지원을 확대하기 위하여 관내 80개 학교에 우수 인재과정을 신설 운영했다. 또한 제천시인재육성재단의 출연금을 통해 주말심화학습반 운영과 학력신장제를 도입하여 학생들의 기초학습능력을 크게 신장시켰다.

제천학사 전경

　관내 2백여 명의 학생들에게 장학금과 제천교육지원청 및 관내 초·중·고교에 교육경비 70억 원을 지원하고 주말 심화학습반 등을 운영, 학습의욕을 높이고 교육환경 개선에 노력했다.

　관내 2개 대학교에 대한 지원을 통해 지역인재 육성발굴에도 힘을 쏟고 있다. 거점영어체험센터운영, 다목적 체육관건립, 방과후 학교운영 지원, 친환경 지역농산물급식지원, 초중학생 무상급식 지원 확대를 통해 내실 있는 교육이 되도록 지원하고 있다.

　시 외부로 나간 지역 우수 인재들을 위한 지원은 보다 더 체계적이고 적극적인 형태를 띠고 있다. 다른 지자체의 부러움을 사고 있는 '제천학사'를 운영하고 있는 것이다.

제천학사는 지역출신 수도권소재 대학생의 경제적 부담을 줄이고 지역인재 양성을 위해 지난 2005년에 서울 성북구 안암동에 지어졌다. 고려대와는 담장을 맞대고 있을 만큼 입지 여건이 뛰어나다.

연면적 2,640㎡에 지하 1층, 지상 6층 규모인 이곳에는 2인 1실의 기숙사 51실과 식당, 체력단련실, 독서실, 휴게실 등 부대시설과 호별TV, 냉장고, 세탁기, 정수기 등 최신시설을 갖추고 있다. 이곳을 이용하는 학사료는 월 15만 원으로 물가에 비해 매우 저렴하다.

성적과 가정형편 등을 감안하여 엄선된 102명의 학생들이 매년 입실하는데 편안하고 좋은 환경에서 공부에 전념할 수 있어서 학생 본인은 물론 수도권으로 대학을 보낸 많은 학부모들에게 정신적으로, 경제적으로 큰 도움이 되고 있다. 게다가 식당운용 등 복지관리와 학사관리 등에서도 철저하여 학부모들의 큰 호응을 받고 있다.

학사의 정원은 남학생 54명 여학생 48명 등 모두 102명이고 자격이 미달되어 후보군으로 분류된 경우에도 입사 중인 학생이 군 입대나 다른 곳으로 거처를 옮길 경우 후보순위에 따라 즉시 입주토록 하고 있다.

지금이야 탄탄하게 운영되고 있지만 제천학사를 만들던 초기 과정이 그리 녹록했던 것만은 아니었다. 탄생 비화에는 나를 비롯한 제천시 공무원들의 많은 노력과 발품이 숨어있다.

처음 제천학사를 계획한 것은 2002년이었다. 당시 서울에 학사를 건립하여 지역인재 육성을 시켜야 되는데 부지가 없어 고민이라는 시장의 충정 어린 말을 들은 나는 곧바로 서울시청 관재과에 가서 시유지 목록을 하루 종일 찾아보았다. 하지만 마땅한 땅을 찾는 것이 쉽지는 않았다. 현지실사까지 나갔지만 너무 크거나 아니면 너무 작은 부지밖에 없었다. 별 소득 없이 지친 채 되돌아올 수밖에 없었다.

며칠 후 당시 안전기획부(현 국가정보원)에서 재산관리를 담당하는 고향 후배의 도움을 받을 수 있었다. 제천학사에 대한 구상과 난항에 대한 이야기를 하다가 후배에게 '안기부에 땅이 좀 있느냐?'며 물었고 많다는 답변을 들은 것이다.

그 말을 듣자마자 나는 후배에게 바로 찾아가 보자고 했다. 후배와 함께 찾아보니 마침 적당한 토지를 찾을 수 있었다. 원래 재무부 토지였던 이 땅을 안전기획부 토지와 교환한 후 다시 우리 시 수산면 하천리 산과 교환하는 방식으로 제천학사 부지를 마련하게 되었다.

게다가 안전기획부 연수원 겸 휴양소까지 유치할 수 있었다.

지역 인재를 키워내는 요람인 제천학사를 지은 것도 기뻤지만 서울 시내 알토란같은 땅을 확보하여 시 재산의 가치를 올리고, 다른 기관의 휴양소까지 유치할 수 있었던 것은 기대치 않은 일거양득 이상의 성과였다.

2010년 7월 1일 시장 취임 후 제천학사를 방문했던 것도 지역 인재에 대한 높은 관심을 반증한 것이었다. 학문에 대한 목마름과 절실함을 나만큼 이해하는 시장은 별로 없을 것이다. 청춘 시절 내게 주어진 환경으로 인해 공부를 못했던 한이 그만큼 컸기 때문이었다. 하지만 시장으로서 다시 찾아간 제천학사의 예상치 못한 모습에 나는 실망하고 말았다.

소파와 책상으로 가득 찬 사무실 공간이 정작 학생들이 사용해야 하는 공간을 빼앗고 있었던 탓이었다. 사연인즉 전임 시장이 재경 제천향우회 사무실과 영화제 사무실로 제천학사의 일부 공간을 내어줬다는 거였다.

영화제를 준비할 때면 시끄러워서 학생들이 도저히 공부할 수 없는 지경이 되기도 했다.

나는 곧바로 재경 제천향우회에 사무실 이전을 요구하였고 영화제 사무실도 이전시켰다. 영화제 사무실은 쉽사리 용산역 앞으로 이전을 했지만 문제는 제천향우회였다. 이전 과정에서 재경 제천향우회 원로들의 갖은 협박도 받았다.

"최 시장, 다음에 시장 또 안 나올 거야? 두고 보자!"

"고향 선배도 몰라 봐?"

나중에는 법적으로 아무런 이상이 없는데 나가라고 하는 건 말이 안 된다는 외압까지 들어왔다. 하지만 공약사업으로 시장 직속에 둔 '시민고충처리위원회'도 임대료와 보증금을 내고 있었던 상황에서 그런 주장은 솔직히 말도 안 되는 소리였다.

나는 동요하지 않고 향우회 집기들을 끌어내어 복도에 쌓아버렸다. 그리고는 향우회와 영화제 사무실로 사용하던 공간을 학생들의 독서실, 동아리룸, 회의룸 등 편의공간으로 활용케 했다. 학생들은 열광했다.

다시 원로들을 설득하는 것도 멈추지 않았다.

"여러분들의 자녀나 손주들이 이곳에 있는 겁니다. 우리 제천의 동량지재들한테 좀 더 나은 환경을 만들어 주는 것이 바로 여러분을 위하는 것입니다."

결국 1년 가까이 뚝심으로 밀어 붙여 재경 제천향우회 사무실도 이전시킬 수 있었다.

향우회와 영화제사무실로 사용하던 공간은 이제 제천 출신의 인재들이 청운의 꿈을 크게 키워나가는 곳이 되었다.

서울 시내의 연일 치솟는 방값으로 인해 대학생과 부모님들의 말 못할 고충이 심각한 이때 이렇게 저렴하게 입주하여 공부할 수 있는 학사를 보유한 지자체는 드물다. 나는 제천시 인재들이 부담 없이 꿈과 희망이 입주한 제천학사에서 미래를 향한 멋진 도전을 계속 해나갈 수 있도록 간절히 바란다.

백 년의 주춧돌을 놓는 지식재산도시

제천시는 지식재산 창출을 지원하고, 지식재산을 활용한 기술을 개발하고 다양한 시책을 펼치고 있다.

21세기는 지식정보화 사회다. 인터넷과 각종 IT 기술로 인해 세계가 초대륙처럼 하나로 연결되고 수많은 정보가 디지털화 되고 있는 21세기에서는 누가 더 빨리, 그리고 더 많이 지식을 습득하느냐에 따라 국력이 결정될 것이다. 하지만 그것이 다는 아니다.

언제 어디서나 꺼내어 쓸 수 있는 지식을 집단적으로 공유하는 사회에서는 단순히 지식을 많이 확보하는 것보다 온갖 정보와 창의적인 지식이 융합하여 기술과 산업을 이끄는 것이 관건이다. 즉 지적재산이 창의적인 정보로 가공·상품화되어 잘 유통시킬 수 있어야 그 나라, 도시, 개인이 뛰어날 수 있는 것이다. 이것은 창조경제의 핵심요체이기도 하다.

제천시는 지식강국 대한민국을 지향해 국제 로얄티 적자를 극복해 보자는 전략으로 2010년 특허청이 5개 지자체를 지식재산도시로 정부가 공모하였을 때 당당히 선정되는 영예를 누렸다.

지식재산도시 조성사업은 지역의 지식재산 경쟁력을 높이기 위해 기초지방자치단체에 지식재산 조례제정·전담조직 확보 등 인프라 구축을 지원하고, 지역 주민과 기업을 위한 지식재산 교육·발명행사, 컨설팅 등 지식재산 종합서비스를 제공하는 사업이다.

지식재산도시 선정은 지금과 같은 정보화 사회에서는 매우 중요한 의미를 지닌다. 총성 없는 기술전쟁의 시대에서 앞으로 유치기업에 대해 특허권 신청에서부터 특허기술 사업화까지 토탈 지원시스템을 갖추게 되면, 신약소재 개발과 기술집약형의 수도권 우량기업을 유치하는 데 유리한 이점으로 작용할 수가 있다.

즉각 지식재산도시 선포식을 갖고 '발명축제'를 개최하여 주민의 지적재산권에 대한 인식을 드높이기도 했다. 지식재산 자원을 제대로 발굴하면 금맥과도 같은 효과를 가져올 수 있어 지역 경제를 활성화시킬 수 있다.

시가 주관하여 '지식재산 지원사업' 설명회도 중소기업을 대상으로 가지기도 했다. 지식재산권을 창출하는 기업을 적극적으로 지원하여 대내외 경쟁력을 키울 수 있도록 도와주기 위해서였다.

특허정보와 디자인을 활용한 기술 고도화 지원, 중소기업 브랜드·디자인 개발 및 권리화 지원, 지식재산 경영컨설팅 및 사업화 지원, 기업맞춤형 지식재산 지원 사업 등 5개 사업을 추진했다. 총 22개 기업을 선정해 청주상공회의소 충북지식재산센터를 통해 전문용역사와 매칭, 기업맞춤형으로 사업을 진행해 왔다.

이 사업으로 특허·상표·디자인에 대한 지식재산권(24건)출원을 완료했다. 지리적 특성을 반영한 둘레길 브랜드인 '청풍호 자드락길'과 역사적 특성을 반영한 '삼한의 초록길'을 상표출원했다. 지방자치단체의 상표는 지역산업을 보호·육성하고 홍보할 수 있는 효과적인 수단으로 가치가 매우 크다. 지역 특산품과 연계해 관리할 경우 지역관광 산업을 활성화하고 경쟁력을 강화하는 데 크게 기여할 수 있다.

GS shop 등 유통판로개척 4건, 시뮬레이션 및 홍보물제작 4건 등 경영환경 강화에 대한 괄목한 만한 성과도 거뒀다.

사업 참여기업에서는 자체 해결이 어려운 특허를 비롯해 내·외부 환경 조사·분석에 한계가 있을 수밖에 없었는데 이 사업을 통해 자료도출과 컨설팅으로 사업고도화에 많은 도움을 줄 수 있었다. 한방韓方 관련 중소기업에 브랜드·디자인 개발을 지원해 많은 지식재산권 출원을 지원하고 이를 사업화해 기업의 매출 증대에 기여했다.

'발명체험교실' '지식재산 아카데미' '맞춤형 이동특허 상담실' 운영 등 적극적이고 체계적으로 사업을 추진한 점이 특히 높게 평가받아 2013년 '최우수 지식재산도시'에 선정되는 기쁨도 누릴 수 있었다.

시민들의 평생학습 능력을 고취하기 위하여 평생학습센터 운영과 전국단위 평생학습축제 참가, 평생학습 어울림 한마당 개최 및 푸른 제천 아카데미, 청풍선비대학, 우수프로그램 및 동아리 육성을 통한 시민참여를 확대해 나가고 있으며, 2013년 10월에 개최한 제2회 대한민국 평생학습박람회에는 37만 명이 방문한 진기록을 세워 평생교육에 대한 뜨거운 관심을 반영했다.

시민공청회와 폭넓은 이해를 통해 시민의 지지를 이끌어 낸 교육문화컨벤션센터를 건립하여 지역의 백년대계를 선도하는 계기로 삼을 것이다.

제천시 천남동으로 이전한 구 동명초등학교 부지에 교육문화컨벤션센터를 건립하면 지역문화의 질을 높이고 도심공동화를 방지할 수 있을 뿐만 아니라 국제음악영화제를 비롯한 크고 작은 각종 문화예술행사 개최와 전국의 각종 회의·행사를 유치하여 일자리 창출은 물론 지역경제 활성화에도 기여할 수 있고, 도시 위상도 높이는 랜드마크가 될 것을 확신하고 있다.

대한민국을 치유하는 제천

대한민국의 중심이면서 문화와 전통이 살아 숨 쉬는 제천. 실핏줄처럼 뻗어 있는 수많은 제천의 산야들마다 스토리가 가미돼 가장 매력적인 관광지로도 떠오르고 있다.

힐링과 한방을 내세우는 동시에 영상과 음악, 스포츠로 신구 세대 모두를 아우르는 치유와 소통의 도시 제천은 뉴새마을운동을 근간으로 삼아 문화와 경제가 조화된 풍요로운 행복 도시로 비상하고 있다.

세계경제 위기와 경기둔화로 저성장률을 기록하고 있는 가운데, 취업난과 가계부채로 많은 국민들이 시름하고 있는 현실 속에서 지역경제가 살아 숨 쉬고 시민 모두가 행복한 성공경제 도시 제천 건설을 이룩하기 위해 오늘도 제천은 무한한 가능성에 도전해 나가고 있다.

각박한 세태에 치유와 위안을 만날 수 있는 곳을 찾다가 바로 우리 제천시를 떠올려준다면 무척 고마울 것이다. 청풍명월의 청정한 자연환경과 넉넉한 인심, 그리고 슬로시티로서의 여유로움이 모두 갖추어져 있는 제천에서는 작금의 대한민국을 지배하고 있는 승자독식 구조, 이기주의와 물질 만능주의, 절대주의, 박탈감과 위화감 등 사회에 만연한 어두운 면들을 과감히 탈피할 수 있는 힐링 가치들을 뉴새마을운동으로 다시 일으키고 있기 때문이다.

'웰빙'과 '로하스' 등의 개념이 무엇보다 가치 있게 받아들여지는 현대사회에서 제천의 도시 브랜드인 '힐링시티'에 대한 가치는 점점 커질 것이며 제천시의 산업 생태계까지도 새롭게 재편시키고, 특히 FTA로 위기를 맞은 농가에 새로운 힘과 활력소가 될 수 있을 것이다.

제천이 더 이상 변방의 도시가 아니라 대한민국의 중심에 위치한 핵심 도시로 부상하기 위해서는 아직도 많은 것을 진행해야 할 필요가 있다.

마침 금년이 갑오년 청마의 해다.

나는 시민의 청마가 되어 거침없이 힘차게 달려 성공경제도시 제천이 융성할 수 있도록 목숨을 다 바쳐 일할 것이다. 그리고 어김없이 제천의 새벽을 여는 서민시장으로 용두산의 늘 푸른 소나무처럼 그렇게 제천을 지켜 가리라 다짐한다.

이 책은 시민들과 함께 하나하나 내딛은 그 여정의 풍성한 기록이 될 것이다.

최 명 현

인생 네 멋대로 그려라

이원종 지음 | 368쪽 | 값 15,000원

전) 서울특별시장·충청북도지사 현) 지역발전위원장 이원종 저자
내 인생은 남이 그려 주지 못한다. 내가 그려야 한다. 내가 하고 싶고 나만이 할 수 있는, 독특한 내 멋대로의 인생을 그려 가야 한다. 이왕이면 대작, 천하를 호령하는 걸작을 그려 가야 하지 않겠는가? 자신이 느끼고 체험했던 사실들이 인생의 초행길을 가는 젊은이들에게 자그마한 등불이 되길 바라는 저자의 마음을 느껴보자.

해뜨는 서산

이완섭 지음 | 368쪽 | 값 15,000원

지자체의 발전에 있어 가장 중요한 것은 자치단체장과 구성원들이 미래 비전을 공유하고 서로 화합하면서 지역의 열세를 극복하겠다는 실천적 의지와 긍정적 자세를 갖추는 것이다. '내일은 내일의 태양이 뜬다!' 이런 긍정의 마음으로 서산에 뜨는 태양을 가장 먼저 서산시민들께 보여주고 싶다. 그 따뜻한 온기와 밝은 광명까지도……. 서산은 해처럼 떠서 새처럼 비상해나갈 것이다.

마지막 통화는 모두가 "사랑해…"였다

정기환 지음 | 296쪽 | 값 15,000원

글로써 연결되는 인간관계가 역사를 새로이 쓰고 지탱하는 힘이다. 그래서 책 『마지막 통화는 모두가 "사랑해…"였다』는 가치가 있다. 인간다움이 점점 사라지는 현실 속에서도 '사람 냄새' 나는 아날로그적 감성을 고스란히 간직함은 물론 이 시대를 관통하는 함의가, 우리 시대의 생생한 민낯이 이 한 권에 모두 담겨 있기 때문이다.

70대 인생을 재미있고 신나게 사는 이야기

김현·조동현 지음 | 268쪽 | 값 13,500원

저자 부부는 70대란 나이는 숫자에 불과하며 자신이 좋아하면서도 타인에게 도움을 줄 수 있는 일에 매진하면 얼마든지 노후를 신나고 재미있게 보낼 수 있다고 전한다. 초고령화사회를 눈앞에 둔 대한민국 사회에 가장 필요한 이야기에 귀 기울여 보자.

성공하는 자녀의 네 가지 비밀

박찬승 지음 | 300쪽 | 값 15,000원

책 『성공하는 자녀의 네 가지 비밀』은 자녀들의 성장 가능성과 적성을 가능해보고, 아이들의 자존감과 자립심을 돕는 방법을 배울 수 있도록 구성되었다. 현재 대전 유성고 교장인 저자가 풍부한 현장 경험을 통해 알아낸 영재 공부 비법과 효율적인 학습법 또한 함께 담겨있다.

나는 오늘도 도전을 꿈꾼다

원유철 지음 | 264쪽 | 값 15,000원

1991년 경기도의회 최연소 의원으로 정계에 입문(28세)했던 원유철 국회의원(현역, 4선)이 전하는 삶의 이야기를 담은 책이다. 허기, 패기, 끈기, 용기라는 네 가지 주제를 중심으로 인생 역정과 정치인으로서의 행보 그리고 국민 모두의 행복한 삶을 위한 비전을 제시한다.

올드맨쏭

이제락 | 264쪽 | 값 13,000원

배우에서 영화감독으로 이제는 작가로! 다양한 재주꾼, 이제락의 첫 소설! 거듭된 이별이 가져다준 상처투성이 삶을 끌어안고 살아가는 한 사내와 그 앞에 음악처럼 운명처럼 찾아온 아이의 감동적인 이야기. "이토록 위대한 만남을 위해 우리들의 이별은 거룩했다."

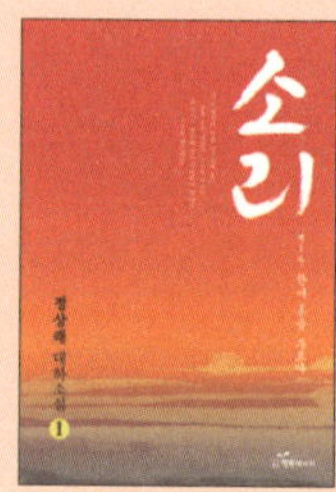

소리 - 한이 혼을 부르다(전 1~8권)

정상래 지음 | 352쪽 | 값 13,500원

쏟아져 나오는 책은 많지만 읽을거리가 없다고 탄식하는 독자들이 많다. 그렇다면 근대 한국사에 담긴 우리 한恨의 정서에 관심이 있다면, 대하소설의 참맛에 대해 잘 알고 있다면, 정말 제대로 된 작품을 읽어볼 요량이라면 이 소설은 독자를 위한 더할 나위 없는 선물이자 생을 관통할 화두가 되어 줄 것이다.

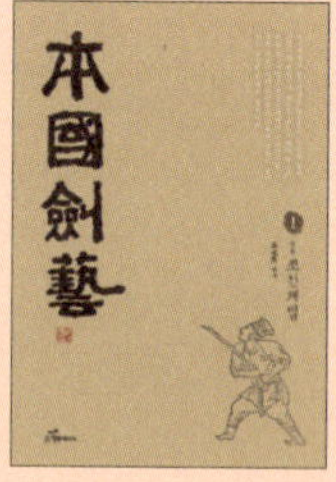

본국검예 1 조선세법

임성묵 편저 | 560쪽 | 값 48,000원

'조선세법朝鮮勢法'은 단순한 무예서가 아니다. 상고시대 한민족의 신화와 정신문화가 선진문화였음을 밝히는 중요한 사료이다. 조선세법의 전모가 드러나면서 전통무예사의 이론과 철학이 부재한 우리 체육계에 커다란 선물과 숙제가 함께 안겨졌다. 정체성을 잃고 헤매는 우리에게 『본국검예』는 대한민국이 일류국가로 도약할 수 있는 정신적 기둥이 되어주고, 미래를 밝히는 민족혼의 불길을 세울 것이다.

그대 인연을 사랑하라

남달구 지음 | 300쪽 | 값 15,000원

『그대 인연을 사랑하라』는 비록 남달구 기자가 세상에 내놓는 첫 번째 책이지만 안에 담긴 '맛과 멋'은 장인의 솜씨와 열정 그대로이다. 특종과 이슈가 아닌 '가치와 진실'을 찾아 떠나온 삶의 여정. 이 책은 수많은 독자에게 참된 나와 진실한 세상으로 가는 길목의 이정표가 되어줄 것이다.

내 인생의 터닝포인트

김원수 · 박필령 옮김 | 316쪽 | 값 15,000원

이토록 행복하고 멋있게 살아가는 부부가 있을까. 암이 가져다준 고통마저도 삶의 축복으로 승화시키는 애정과 헌신의 힘. 한 명의 보잘것없는 인간이 부부가 됨으로써 위대한 존재가 되어가는 과정. "나의 인생이 즐겁고 아름다운 까닭은 단 하나, 바로 당신. 몇 번을 다시 태어나도 나에겐 오직 당신뿐입니다."

부모를 위한 인문학

노재욱 지음 | 272쪽 | 값 15,000원

한국인성교육학회 이사장 노재욱 박사는 대한민국 근현대 교육사를 몸소 체험하고 지켜봐온 교육전문가이다. 책『부모를 위한 인문학』은 동서양의 모든 종교와 인문학을 두루 섭렵한 저자의 50년 교육 인생과 연구, 강연 활동의 집대성이다. 교육과 관련된 각종 인문학의 핵심 사항을 모아 우리 사회의 실정에 맞춰 어떻게 하면 좋은 부모가 될 수 있는지에 대해 차분한 어법과 쉬운 해설로 제시하고 있다.

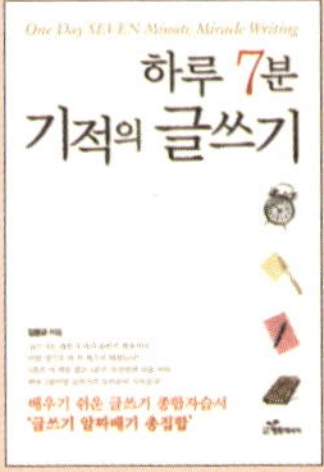

하루 7분 기적의 글쓰기

김병규 지음 | 256쪽 | 값 15,000원

내 인생과는 전혀 상관이 없을 것 같았던 일들이 느닷없이 행복 혹은 불행으로 다가온다. 그렇다면 '글쓰기'는 분명 행복에 가까운 쪽일 것이다. 하루 5분은 즐거운 마음으로 이 책을 읽고 2분은 자신만의 유쾌한 글을 쓴다면 말이다. 『하루 7분 기적의 글쓰기』의 첫 장을 펼침과 동시에 어제보다 행복해진 오늘을 맞이해 보자.

참 아름다운 동행

권희철 지음 | 256쪽 | 값 15,000원

내 인생과는 전혀 상관이 없을 것 같았던 일들이 느닷없이 행복 혹은 불행으로 다가온다. 그렇다면 '글쓰기'는 분명 행복에 가까운 쪽일 것이다. 하루 5분은 즐거운 마음으로 이 책을 읽고 2분은 자신만의 유쾌한 글을 쓴다면 말이다. 『하루 7분 기적의 글쓰기』의 첫 장을 펼침과 동시에 어제보다 행복해진 오늘을 맞이해 보자.

내 아이를 위한 인문학

채성남 지음 | 276쪽 | 값 15,000원

"책을 좋아하고 사람을 사랑하고 자연을 즐기는 아이로 키우세요." 훌륭한 경영 리더들은 모두 좋은 경영자 이전에 좋은 철학자였다. 자녀를 어질게 키우고 싶다면 부모가 먼저 훌륭한 철학자가 되어야 한다. 동양 최고의 스승 공자에게 마음의 그릇을 키우는 법을 배우고, 스스로 위대한 철학자가 됨을 두려워하지 않는다면 당신은 이미 '좋은 부모'다.

소마지성

라사 카파로 지음 · 최광석 옮김 | 368쪽 | 값 25,000원

전 세계에 불어닥친 '자가치유' 열풍은 국내에서도 각계의 주목을 받고 있다. 지난해에는 24년 만에 국내에 정식으로 소개된 『소마틱스』가 많은 독자들의 사랑을 받으며 '자가치유' 열기가 일시적인 유행이 아님을 증명했다. 『소마지성을 깨워라』는 '소마틱스 영역의 최신 이론'에 목말랐던 독자들에게 한층 진보된 방법론을 제시한다.

얌마! 너만 공부하냐

김재규 지음 | 280쪽 | 값 15,000원

'시험 공화국' 대한민국에서 '공부로 성공'하는 법! 최고 합격률, 최다 수험생으로 매일 공무원 학원가의 신화를 새로 쓰는 김재규경찰학원 원장의 번외 강의 '정말 미치도록 즐겁게 공부하기' 자신의 꿈을 향해 나아가는 이 순간, 기왕 해야 할 거, 즐겁게 공부를 하고 싶다면 당장 『얌마! 너만 공부하냐』의 첫 페이지를 펼쳐 보자.

열정은 배신하지 않는다

김의식 지음 · 이준호 엮음 | 272쪽 | 값 15,000원

과연 대한민국의 대학교는 우리 젊은이들에게 지성과 밝은 미래의 산실이 되어 줄 수 있는가? 구태에서 벗어나 현실적이면서도 획기적인 방식으로 학생들을 지도하는 Yes Kim의 강의에 그 답이 있다. 듣는 것만으로도 가슴을 뛰게 하는, 그 열정을 행동으로 이끄는 수업에 귀 기울여 보자.

미국으로 간 허준

유화승 지음 | 304쪽 | 값 15,000원

동양의학 최고 암 전문의 유화승 교수는 '암을 정복한다'는 신념 하나만으로 서양 최고의 암센터 엠디앤더슨을 찾는다. 그가 들려주는 이야기는 이 시대, 암으로 고통 받는 모든 환자들에게 한 줄기 희망을 선사한다. 또한 희망만으로 그치는 것이 아닌, 현실로 다가오는 암 정복기가 첫 페이지에서부터 시작된다.

잘나가는 공무원은 무엇이 다른가 II

정상덕 지음 | 296쪽 | 값 15,000원

대한민국의 21세기 新 목민심서로 주목받는 『잘나가는 공무원 무엇이 다른가』 그 두 번째 이야기. 국민에게 봉사한다는 심정으로 평생 공직에 몸을 담아온 정상덕 전 국장의 36년 공직생활, 그 '치열한' 현장의 '생생한' 연대기.
대한민국에서 성공한 공무원으로 사는 법은 무엇인지 귀 기울여 보자.